生态循环农业模式及其保障机制研究

吕 娜 ○著

中国农业科学技术出版社

图书在版编目（CIP）数据

生态循环农业模式及其保障机制研究 / 吕娜著. —北京：中国农业科学技术出版社，2021.1
 ISBN 978-7-5116-5131-0

Ⅰ.①生… Ⅱ.①吕… Ⅲ.①生态农业建设—研究—中国 Ⅳ.①F323.22

中国版本图书馆 CIP 数据核字（2021）第 020170 号

责任编辑	周　朋
责任校对	贾海霞
责任印制	姜义伟　王思文

出 版 者	中国农业科学技术出版社
	北京市中关村南大街12号　　邮编：100081
电　　话	（010）82106643（编辑室）　（010）82109702（发行部）
	（010）82109709（读者服务部）
传　　真	（010）82106631
网　　址	http://www.castp.cn
经 销 者	各地新华书店
印 刷 者	北京建宏印刷有限公司
开　　本	170mm×240mm　1/16
印　　张	10.5
字　　数	200千字
版　　次	2021年1月第1版　2021年1月第1次印刷
定　　价	68.00元

◀━━ 版权所有·翻印必究 ▶━━

前　言

农业是国民经济的基础。改革开放以来，我国农业经济呈现高速增长的态势，取得了举世瞩目的成就。但与此同时，长期以来重数量轻质量的粗放型农业发展方式导致农业面源污染加剧、水土流失、耕地质量下降等农业资源环境问题越来越突出，农业可持续发展受到严峻挑战。在这样的背景下，寻求新的农业发展方式，走农业可持续发展道路势在必行。生态循环农业是以生态经济、循环经济等理论为指导的新的农业发展方式，它尊重自然、保护生态环境、节约农业资源、关注资源循环利用，是一种可以有效解决农业经济发展与资源环境矛盾的替代农业形态。国内外诸多研究及实验实践经验表明，生态循环农业是能够实现经济效益、社会效益和生态效益有机统一的高效农业。

党的十八大将生态文明建设纳入"五位一体"总体战略布局，农业农村生态文明建设是其重要内容。生态循环农业既是我国农业由粗放型经营向集约型经营转变的新型农业发展方式，又是实现农业可持续发展的战略思路和提升农业农村生态文明建设水平的重要突破口。伴随着生态循环农业理论研究的不断深入、实验实践的成功示范以及政府出台诸多文件、政策法规对生态循环农业的支持，我国生态循环农业经过多年发展，取得了较为丰硕的成果。但是我们必须看到其实际推广力度和发展效果并不尽如人意。本书认为造成这种情形的重要原因是对生态循环农业发展的内在机理这一科学问题认识还不够清楚，反映在实践层面的一种现象就是缺乏稳健运行的高效模式来带动生态循环农业的发展。为此，本书从参与主体这一新的视角出发，研究生态循环农业模式及其保障机制问题，希望为推动我国生态循环农业发展提供理论参考和实践指导。

本书的研究内容主要包括3个方面。第一，着眼于探索高效运行的生态循环农业发展模式，通过文献查阅、理论分析及实践调研，探究以农业企业作为核心参与主体的不同层次的生态循环农业模式，包括企业内自循环生态循环农业模式、企业间链条循环生态循环农业模式以及区域内大循环生态循环农业模式。利用实际案例对每种模式的效益进行分析测算,表明农业企业驱动的生态循环农业模式可以带来显著的经济效益、社会效益和生态效益。第二,对保障生态循环农业模式运行的利益联结机制和动力机制进行分析,利益联结机制和动力机制是模式顺利运行的根本保障。运用成本收益分析和博弈论方法分析生态循环农业模式参与主体间的利益联结机制;站在循环系统的层面构建用于生态循环农业模式的动力机制模型,并以一个种养加工构成的循环链为例说明分析模型的应用过程。第三,对基本参与主体农户的意愿和行为及其影响因素进行实证分析,农户的有效参与机制是模式运行的基本保障。基于上述研究结论,立足推动生态循环农业高效发展,本书提出相应的政策建议:加快推进各类农业企业的培育、发展、壮大,发挥农业企业的示范带动作用;有效地辨识动力要素,充分发挥各动力源作用,形成促进生态循环农业系统运行的合力;采取有效措施,引导农户加强与核心主体企业间的直接或间接循环链接,助力生态循环农业的可持续发展。

本书是作者以其博士论文为基础完成的,在此特别感谢中国农业科学院农业经济与发展研究所朱立志研究员的悉心指导,感谢其他老师、同学和朋友的帮助,感谢家人的付出与支持。

最后,感谢"北京农业职业学院村务管理专业创新团队建设项目"对本书的资助!

著 者

2020年7月

目 录

1 绪 论 ·· 1
  1.1 问题的提出 ·· 1
    1.1.1 常规农业发展带来严峻的资源环境问题 ··············· 1
    1.1.2 发展生态循环农业已成业内共识 ························· 2
    1.1.3 生态循环农业发展的困境 ··································· 2
    1.1.4 生态循环农业高效发展的突破口——发展模式和保障机制 ··· 3
  1.2 本书的主要内容 ··· 3
    1.2.1 生态循环农业模式构建 ······································· 4
    1.2.2 生态循环农业模式运行保障机制 ························ 5
  1.3 生态循环农业发展实践历程 ····································· 6
    1.3.1 生态农业发展历程 ··· 6
    1.3.2 循环农业发展历程 ··· 9

2 国内外研究现状述评 ··· 14
  2.1 生态农业、循环农业与生态循环农业概念辨析 ······· 14
  2.2 生态循环农业模式研究 ··· 18
  2.3 生态循环农业效益评价研究 ··································· 20
  2.4 生态循环农业动力机制研究 ··································· 21
  2.5 生态循环农业主体行为研究 ··································· 23
  2.6 本章小结 ·· 25

3 生态循环农业模式与保障机制的理论基础 ················ 27
  3.1 生态经济和生态产业理论 ······································· 27
  3.2 循环经济理论 ·· 29

3.2.1　循环经济的内涵 ·················· 29
　　3.2.2　循环经济的原则 ·················· 30
　　3.2.3　循环经济价值增值原理 ············ 31
3.3　外部性理论 ······························ 32
3.4　物质流分析原理 ························ 33
3.5　农户行为理论 ·························· 34
3.6　本章小结 ································ 36

4 生态循环农业模式构建——基于参与主体的视角 ········ 37
4.1　构建基于参与主体模式的意义 ············ 37
4.2　生态循环农业参与主体识别及作用 ········ 38
　　4.2.1　农户是生态循环农业的基本参与主体 ···· 38
　　4.2.2　政府是生态循环农业发展的引导者和促进者 ···· 39
　　4.2.3　社会公众是生态循环农业发展的监督者和中介者 ···· 39
　　4.2.4　农业企业是生态循环农业发展的核心参与主体 ···· 40
4.3　模式构建的实践来源——实际调研概况 ······ 43
　　4.3.1　调研地区选取 ···················· 43
　　4.3.2　生态循环农业模式调研 ············ 45
4.4　基于参与主体的生态循环农业模式 ········ 47
　　4.4.1　企业内部自循环生态循环农业模式 ···· 47
　　4.4.2　企业间链条循环生态循环农业模式 ···· 51
　　4.4.3　区域内大循环生态循环农业模式 ······ 54
　　4.4.4　3种模式的关系 ·················· 56
　　4.4.5　基本参与主体农户和模式的关系 ······ 58
4.5　本章小结 ································ 59

5 生态循环农业模式运行的利益联结机制 ········ 61
5.1　企业内自循环生态循环农业模式利益联结 ···· 62
5.2　企业间链条循环生态循环农业模式利益联结 ···· 63
5.3　区域内大循环利益联结 ·················· 64
5.4　本章小结 ································ 64

6 生态循环农业模式运行的动力机制 ·············· 66
6.1 循环经济动力机制的内涵及构成要素 ·············· 66
6.2 循环经济动力机制模型构建 ·············· 69
6.2.1 循环链条分析阶段 ·············· 70
6.2.2 效益分析阶段 ·············· 71
6.2.3 动力要素分析阶段 ·············· 71
6.3 生态循环农业模式动力机制模型 ·············· 73
6.4 案例分析——生态循环农业模式动力机制模型的应用 ·············· 74
6.4.1 案例简况 ·············· 75
6.4.2 模型应用 ·············· 75
6.4.3 分析结果 ·············· 77
6.5 本章小结 ·············· 78

7 生态循环农业模式运行的参与机制 ·············· 79
7.1 农户的意愿与行为——参与机制的重要内容 ·············· 79
7.2 农户参与生态循环农业的意愿和行为的调研 ·············· 80
7.2.1 调研地点及问卷分布 ·············· 80
7.2.2 调研内容 ·············· 82
7.2.3 样本信息的描述性统计分析 ·············· 82
7.3 农户参与生态循环农业现状 ·············· 84
7.3.1 农户处理畜禽粪便情况 ·············· 84
7.3.2 农户秸秆综合利用情况 ·············· 86
7.4 农户参与生态循环农业意愿实证分析 ·············· 90
7.4.1 理论依据与研究假设 ·············· 90
7.4.2 问卷设计与研究方法 ·············· 92
7.4.3 模型拟合 ·············· 96
7.4.4 模型路径分析 ·············· 100
7.4.5 政策启示 ·············· 105
7.5 典型案例——农户施用有机肥行为实证分析 ·············· 106
7.5.1 研究假设与变量选择 ·············· 108
7.5.2 模型构建 ·············· 112
7.5.3 基于Logistic回归模型估计过程及结果分析 ·············· 115

  7.5.4 ISM模型计算及结果分析 ·············· 120

  7.5.5 政策启示 ································· 123

 7.6 本章小结 ····································· 124

8 研究结论、政策启示与展望 ························· 125

 8.1 研究结论 ····································· 125

 8.2 政策启示 ····································· 127

 8.3 展望 ··· 129

参考文献 ··· 131

附录1 部分生态循环农业相关政策法规汇总 ············ 140

附录2 2017年漯河调研问卷 ······················· 153

1 绪 论

1.1 问题的提出

1.1.1 常规农业发展带来严峻的资源环境问题

改革开放40多年来,我国农村社会经济发展迅速,取得了举世瞩目的成就。但是在经济飞速发展的同时,长期以来重数量轻质量的粗放型农业发展方式带来了一系列的农业资源环境问题:农业面源污染形势严峻、水土流失严重、耕地质量下降、食品安全问题频出,农业生态系统遭到严重破坏。自从工业点源污染得到有效控制以后,农业面源污染成为最大的污染源。农业面源污染主要是由于在农业生产过程中过度使用化肥、农药,不经处理而肆意排放畜禽粪便以及丢弃农村生活垃圾等对农业和农村生态环境造成的大面积污染,它具有分散性、随机性、隐蔽性和难测性等特点。据统计,2015年我国农业面源污染排放中化学需氧量(chemical oxygen demand,COD)排放量为1 068万t、总氮排放量为461万t、总磷排放量为55万t。农业面源污染已经严重影响到农村生态环境质量,制约了农业和农村社会经济环境的可持续发展。化肥、农药的过量使用和低利用率给农业生态环境及人体健康带来了严重危害。国际上一致认可的化肥安全施用上限是225kg/hm^2,我国的农田平均化肥施用量为434kg/hm^2,是安全上限的1.93倍,是美国的2.6倍,是欧盟的2.5倍。然而与化肥过量使用形成鲜明对比的是化肥的利用率非常低,据测算2017年我国水稻、玉米、小麦三大粮食作物化肥利用率仅为37.8%。20世纪80年代,我国耕地农药年均用量为4.65kg/hm^2,20世纪90年代增加至15.9kg/hm^2,到了2015年高达33.7kg/hm^2,而农药利用率仅为38.8%,农药污染土壤面积已达2.4亿亩(15亩=1hm^2,全书同)。据国家环境保护部与国土资源部2014年公布《全国土壤污染状况调查公报》，耕地总污染面积达3.492亿亩，中重度污染耕地约5 220亩，已经严重危及农产品安全。全国畜禽粪便年排放量超过40亿t，利用率约为60%，未经处理而直接排放的畜禽粪便也已经危及生态环境安全。农业生产中化肥、农药等化学投入品的高强度使用，地膜、畜禽粪便等源头污染导致食品安全问题频出。《中国食品安全发展报告（2018）》显示，2017年食品安全事件发生量最多的食品种类是食用农产品（4 031起，占到20.56%），而且2008—2017年食用农产品安全事件发生率都远远高于其他类食品。

常规经营的高投入、高消耗、高污染、低利用的特点给农业发展带来严峻挑战，农业发展既面临着资源趋紧、环境压力加大的约束，又时刻承担着保障国家粮食安全的重担，在这样的背景下，寻求新的农业发展方式，走农业可持续发展道路势在必行。

1.1.2 发展生态循环农业已成业内共识

在面对农业资源约束趋紧、农业农村环境污染严重、生态系统退化的严峻形势下，要积极转变农业发展方式，促进农业农村的可持续发展，找到合理的着力点和突破口至关重要。在这样的背景下，以生态经济、循环经济理论为指导的生态循环农业被人们所关注和接受。生态循环农业是一种在新的理念指导下的新的农业发展方式，它强调尊重自然、保护生态环境，强调节约资源，关注资源循环利用，是人类在面临长期的常规农业发展带来诸多弊端的情况下，寻找的一种可以解决农业经济发展与资源环境矛盾的新型替代农业形态。生态循环农业既是我国农业由粗放型经营向集约型经营转变的新型农业发展方式，又是实现农业农村可持续发展的战略思路和提升农业农村生态文明建设水平的重要突破口。国内外诸多研究及实验实践经验表明，生态循环农业是能够实现经济效益、社会效益和生态效益有机统一的高效农业。同时，近年来我国各级政府出台诸多文件、政策法规支持生态循环农业的发展。可见，生态循环农业作为实现我国农业可持续发展的战略选择，这一理念已在国内理论研究和实践发展方面达成共识，而且在国家政策层面受到认可并不断推进，生态循环农业将是我国农业发展的方向。

1.1.3 生态循环农业发展的困境

随着生态循环农业理论研究的不断深化成熟、实践实验的成功示范以及国家政策的大力支持，生态循环农业迎来了前所未有的发展契机，并且经过多年的发展已取得一定成绩，但是其实际推广力度和发展效果并不尽如人意。由于受到传统、历史及其现实条件的限制，我国生态循环农业的发展目前仍多处于零散、局部、小范围、效益低的阶段，据测算，生态循环农业覆盖率只有10%左右，远没有成为农业的主要形态，更未形成规模经济效益，距离我们所说的经济效益、生态效益以及社会效益共赢的理想状态还有很长一段距离。一方面是上下一致地要发展生态循环农业的种种规划、意见，另一方面却是生态循环农业在现实中仍然是农业生产形态中的"试点状态"，出现这种矛盾的核心症结就在于生态循环农业还没有实现高效发展。就生态循环农业的特质来讲，它是可以实现经济效益、社会效益和生态效益相统一的高效农业，但是我们的农业发展却处于瓶颈期，如何打破瓶颈，推动生态循环农业走向持续高效发展之路是我们需要关注并积极解决的重要问题。

1.1.4 生态循环农业高效发展的突破口——发展模式和保障机制

经过系统考察、深入研究，本书认为建立有效、可行的模式是促进生态循环农业高效发展的突破口，目前生态循环农业之所以普及率不高、效率低下，其中一个重要原因就是缺乏行之有效的发展模式。有效模式不仅关系到生态循环农业的推广、应用及实际发展路径的选择，而且关系到生态循环农业生产效率的持续提升。此外，生态循环农业模式的稳定、持续运行需要相应的机制来进行保障。因此，本书将以生态循环农业模式为研究中心，并着重对模式运行的保障机制进行分析，通过研究把握其中的机理，提出相应的对策，促进生态循环农业高效发展，推动我国农业的转型升级。

1.2 本书的主要内容

模式建设是生态循环农业建设的重点。目前，无论在理论研究成果还是实践应用方面，均出现了大量丰富多彩的生态循环农业模式。尽管如此，很多模式却并没有得以普及和推广，究其原因，主要是因为参与主体的配合和执行力度普遍较弱，尤其是缺乏一个具有优势力量的参与主体的配合和带动。本书站在一个新的视角——参与主体视角研究生态循环农业的模式问题，形成了以生态循环农业模式分析为中心，保障模式运行的动力机制和参与机制为两翼的基本框架格局。下面对本书的主要内容进行简要说明。

1.2.1 生态循环农业模式构建

站在参与主体的视角研究生态循环农业模式，首先需要对各参与主体进行识别，并找出其中能够带动生态循环农业发展的优势主体。本书将生态循环农业的参与主体概括为4类，分别是农户、农业企业、政府和社会公众。在本书的4.2"生态循环农业参与主体识别及作用"中将对这4类参与主体的作用作详细解释，此处仅对其对发展生态循环农业的作用进行简要说明。农户是我国生态循环农业发展的最广泛、最基础的力量，将其称为生态循环农业的基本参与主体。相对农户而言，农业企业具有经营规模大、组织化程度高、管理科学、技术水平先进等优势，这些特征契合了高效生态循环农业发展的要求，能够更好地带动生态循环农业经营活动的开展，因此，将农业企业称为生态循环农业的核心参与主体。政府是生态循环农业的促进者和引导者，社会公众是生态循环农业发展的监督者和中介者，这两者并不直接参与生态循环农业生产经营活动。其中，作为参与生态循环农业发展的基本主体（农户）和核心主体（农业企业）二者共同构成了生态循环农业的直接参与主体，可称作经营主体。

在论证构建参与主体模式的意义，对生态循环农业参与主体识别并分析其作用以及实践调研的基础上，构建了农业企业驱动的生态循环农业模式，并对其效益进行分析，阐明了该模式在实践应用中的有效、有用性。农业企业作为核心参与主体的作用在这一模式当中得到充分体现。但是，该模式在突出农业企业在发展生态循环农业当中核心作用的同时，不仅没有割裂与农户的关系，反而是建立在这两类主体不同程度互动关系的基础之上。该模式发展的最终目的是通过企业的带动和示范作用，在全国范围内形成生态循环农业大发展的格局。模式普及、发展的过程，一方面表现为出现更多的农业企业作为核心主体参与这一模式，并按照生态循环农业的要求进行生产经营活动；另一方面则是在农业企业带动下，广大农户通过日益牢固的循环链接融入这一模式，逐步参与到生态循环农业发展的过程中，在模式的推广、扩大过程中，发挥应有的重要作用。因此，以模式基本参与主体农户的意愿及行为分析为基础的参与机制的研究，构成了本书的重要组成部分之一。

1.2.2 生态循环农业模式运行保障机制

模式的形成只是第一步,只有当模式在实际中得以推广并长期稳定运行才能带来实际的效果。要实现模式的长期稳定运行,必须有与之契合的内在动力机制和参与机制为其保驾护航,否则就会陷入尽管技术可行、但是推广不力的困境。

第一,利益联结机制和动力机制是模式运行的根本保障。本书提出的动力机制涵盖两个层面:第一个层面是模式中各经营主体合理利益联结的建立;第二个层面是动力机制的建立。本书将这两个层面统一称作广义的动力机制。首先,农业企业在生态循环农业模式构建及其运行中发挥着核心和主导作用,而企业发挥作用的前提是必须在循环经济系统中建立合理、稳态的利益联结关系,否则企业就会失去参与的动力。基于此,站在农业企业的立场从循环系统中经济价值链条耦合的角度对构建的3种模式的利益联结进行了分析,其基本思想是各经营主体只有认识到循环后的经营模式会带来更好的经济收益,才有积极性参与到循环构建中去。其次,由于农业企业往往只关注于自身的经济利益,忽视了对生态效益和社会效益的考虑,政府作为一个宏观调控主体,则需要站在全局、全社会的角度去关注生态效益和社会效益。因此,在第二层面的分析中,将整个循环系统作为分析的基点,构建循环系统的动力机制分析模型,识别出循环系统中各参与主体的动力激发源、动力作用机理和作用方式,为农业生态循环模式的建立、运行提供理论上的支撑。由于农业企业和动力机制分析模型在模式构建和运行中发挥着特殊的重要作用,故将利益联结和动力机制称作是模式运行的根本保障。

第二,形成有效的参与机制是模式运行的基本保障。动力机制实则主要是站在农业企业和政府的角度,对保障模式运行的利益联结和内在动力生成机理进行分析。正如前文所述,农户作为目前和今后一段时期内模式的基本参与主体,他们的参与和支持对模式的推广和普及具有重要意义。农户既不像农业企业那样对是否参与模式完全取决于经济利益的追求,也不像政府那样对发展生态循环农业持认同和支持的态度,他们是否愿意加入企业带动的生态循环农业模式中,参与生态循环农业实践的意愿和行为的影响因素比较复杂。因此,本书在参与机制的研究中重点对农户的意愿和行为进行分析,以期通过研究找到制约农户参与的瓶颈因素,进而有的放矢提出相应的政策启示,推动生态循环农业模式的普及和发展。由于农户是我国农业发展最广泛、最基础的力量,是生态循环农业模式的基本参与主体，农户的参与意愿和行为决定着生态循环农业模式普及的广度和发展的效果，因此，将这一机制称作模式运行的基本保障。

1.3 生态循环农业发展实践历程

生态循环农业是人类在面临长期的常规农业发展带来诸多弊端的情况下，寻找的一种可以解决农业经济发展与资源环境矛盾的，能够实现农业可持续发展的新型替代农业形态。生态循环农业特殊的意义和重要性使其成为近些年来的热门研究领域，实验实践成果也非常丰富。"生态循环农业"就其概念来说是国内首创，但是就其发展实质、要求、原则来讲，它又与生态农业、循环农业等替代农业密切相关，因此，本部分内容对国内外生态农业、循环农业的发展历程进行梳理，以便为本书生态循环农业的相关研究提供更加清晰而广阔的思路。

1.3.1 生态农业发展历程

1.3.1.1 国外历程

国外生态农业的发展，最早可追溯到1909年有机农业的兴起，当时任美国农业部土壤局局长、威斯康星大学的富兰克林·H.金教授在考察了亚洲农业后，于1911年写成《四千年农夫》（*Farmers of Forty Centuries*）一书，该书详细介绍了中、日、韩农民培肥土壤、轮作间种等方面的经验，提出了最初的有机农业思想。1924年，德国学者鲁道夫·施泰纳（Rudolf Steiner）开设了《农业发展的社会科学基础》课程，在该课程中，施泰纳提出了"生物动力农业"，指出人类作为宇宙平衡的一部分，为了生存必须与环境协调一致，要根据星象、季节和自然规律进行有计划的耕种，要重视宇宙周期等。20世纪30年代，瑞士的汉斯·米勒（Hans Mueller）积极推进有机生物农业，鼓励小农户不依赖外部投入进行独立生产，施用厩肥以保持土壤肥力。英国植物学家艾伯特·霍华德（Albert Howard）被认为是现代有机农业的奠基人。他进一步深入研究总结中国传统农业的经验，在20世纪30年代初倡导有机农业，并由贝弗尔夫人和英国土壤学会首先试验推广，霍华德在1940年出版《农业圣典》（*An Agricultural Testament*）一书，该书详细论述了土壤健康与植物、动物健康的关系，奠定了堆肥的科学基础，此书至今成为指导国际有机农业运动的经典著作之一。1940年，在霍华德思想的影响下，美国的罗代尔（J.I.Rodale）开始了有机园艺的研究和实践，创办了有机农场，兴办研究所，开创了有机农业的先河。1943年，英国的夏娃·鲍尔佛（Eve Balfour）出版了《生机盎然的土壤》（*The Living Soil*），书中阐述了欧洲早期有机农业运动的精神和观点，并影响了欧洲大部分地区有机农业的发展。"英国土壤协会"也是由鲍尔佛在1946年创办成立的。

20世纪60年代末至70年代初，美国、西欧、日本等发达国家由于长期以来的高物质、高能量投入为特征的石油农业引发了一系列的经济资源环境问题，如能源危机、物价上涨、水土流失、土壤沙化和盐碱化严重、土壤肥力下降、环境污染加剧、生态平衡破坏，这些问题使得各国开始探索新的能够解决危机的替代农业发展模式，如有机农业、生物农业、生物动力学农业、自然农业、生态农业等。

从20世纪70年代至今，世界上大多数国家的学者均进行了研究和试验，生态农业得到了广泛认同。美国的宾夕法尼亚州的罗代尔研究中心较为著名，罗代尔研究中心正式成立于1974年，但在20世纪30年代，该中心的创始人罗代尔即已开始了生态农业的实践和研究。此外，还有新英格兰小农场研究所、马萨诸塞州的新炼金术研究所、新罕布什尔州的农村教育中心以及华盛顿州的耕作研究农场都在生态农业的实践和理论等方面进行了探索。在美国许多州立大学中还有不同规模的有关生态农业或者有机农业方面的研究计划或组织，其中比较有影响的是加利福尼亚大学设在圣克鲁兹岛上的第八分校，即环境和社会学院，由格里斯曼（S. R. Gliseeman）教授领导的农业生态计划，研究工作的重点包括各类不同类型的替代农业的营养循环、杂草和病虫害的生物控制，以及复种等。

英国是研究生态农业较早的国家之一，早在1975年就成立了国际生物农业研究所，专门研究生态农业和生物农业的问题。在理论和实践方面取得不少成果，尤其是在实践试验方面，建立了许多不同规模、不同类型的生态农场。

发达国家在生态农业的研究方面开展了很多工作，但从内容上看主要是围绕着农田营养问题和病虫及杂草控制这两个方面，这两方面是生态农业成功与否的关键所在。

与此同时，发展中国家也开始了生态农业的理论研究和实践试验。自20世纪70年代末期以来，东南亚地区生态农业的研究取得了较快发展。菲律宾是生态农业发展比较迅速的国家，该国认为农业是自然资源管理的手段，而农业的本质是一门生态工程学。只要人类希望继续生存和繁衍，现代农业就必须沿着生态学的方向发展。基于此，菲律宾的生态农业有了蓬勃发展，既有中型规模的生态农场，也有小规模的家庭生态农场，如以玛雅农场最为典型和具有代表性。

泰国的生态农业发展也很快。目前，全国有5个府在开展有关的研究和实践。政府的官方组织"泰国人口与社会发展协会"和非官方组织"适宜技术协会"负责协调与领导全国的生态农业发展工作。在有关理论研究方面，孔敬（Khon Kaen）大学的耕作制研究组主要研究不同雨量地区耕作方式的技术改进，并在工作中引入了人类生态学的研究成果。清迈（Chiang Mai）大学主要研究在不同地区建立合适的多熟制。

1.3.1.2　国内历程

我国自古以农立国，具有有机农业的良好基础，农业生产历史上遗留下来的许多优良传统和生产经验，很多都符合生态农业的原则。然而把这种优良传统经验上升到科学和理论的高度，却是近代的事。

20世纪70年代后期，以马世骏院士为代表的学者指出，要以生态平衡、生态系统的概念与观点来指导农业的研究与实践。1981年，马世骏在农业生态工程学术讨论会上提出了"整体、协调、循环、再生"的生态工程建设原理。1982年，在银川农业生态经济学术讨论会上叶谦吉教授发表《生态农业——我国农业的一次绿色革命》一文，正式提出了中国的"生态农业"这一术语。1982年，中国农业环境保护协会在四川乐山召开有关会议，正式向主管部门提出发展生态农业的建议。随后，国务院环境保护领导小组开始组织生态农业的试点工作。1984年年初，国务院副总理李鹏在第二次全国环境保护会议上宣布：保护环境是我国必须长期坚持的一项基本国策。同年5月，国务院发布《国务院关于环境保护工作的决定》，明确提出"各级环境保护部门要会同有关部门积极推广生态农业，防止农业环境的污染和破坏"。同年11月，城乡建设环境保护部和农牧渔业部在江苏吴县联合召开"全国农业生态环境保护经验交流会"，研究部署在全国开展生态农业的试验示范工作。1985年，国务院环境保护委员会转发了〔1985〕国环字第006号文件《关于发展生态农业，加强农业生态环境保护工作的意见》，对生态农业的试点工作提出了具体要求。

进入20世纪90年代，生态农业被国家确定为环境与发展十大对策之一。1993年，由国家七部委正式成立"全国生态农业县建设领导小组"，从此生态农业被纳入政府工作议程，作为可持续农业的一种模式，生态农业建设也被列入政府行为。1994年，国务院批准了七部委提出的《关于加快发展生态农业的报告》，要求各地积极开展生态农业建设试点工作。"大力发展生态农业"列入《中华人民共和国国民经济和社会发展"九五"计划和2010年远景目标纲要》。发展生态农业作为中国实施可持续发展战略重要措施之一的政策方针得到确立。

为进一步推动我国生态农业的发展，1993年12月9日，在由农业部等7个部委联合召开的全国生态农业县建设工作会议上，决定选择具有不同社会经济发展水平、不同资源环境特征、区域代表性强的51个县作为全国生态农业试点县。历经1994—1998年，5年的实践全部通过验收，各地实施生态农业建设中形成了一系列典型模式和配套技术，取得了显著的综合效益。在此基础上，为巩固和提高已取得的阶段性成果，加快生态农业县建设的发展，2000年国家七部委又启动了第二批51个国家级生态农业试点县建设，截至2004年12月，51个生态农业示范县全部验收合格。截至2015年，我国已建成生态农业示范点2 000多处，连续多年实施了10个循环农业示范市建设，建设测土配方施肥项目县（场、单位）2 498个，技术推广面积14亿亩次，设立106个国家级绿色防控示范区，辐射带动绿色防控面积达5亿亩以上。因地制宜发展农村沼气、户用沼气4 200万户，沼气工程近10万处，全年处理粪污、秸秆、生活垃圾近20亿t，其中粪污17亿t。

我国生态农业经过30多年的实践和发展积累了丰富的经验，取得了丰硕的成果，它与农村发展、农民致富和资源高效利用、生态环境保护融为一体，进入了与区域经济发展和农村生态文明建设紧密结合的新阶段。

1.3.2 循环农业发展历程

1.3.2.1 国外历程

循环经济是研究循环农业的基础。1962年，美国经济学家鲍尔丁（Kenneth E. Boulding）提出的"宇宙飞船理论"被认为是循环经济思想的萌芽。"宇宙飞船理论"指出"地球就像一艘在太空中飞行的宇宙飞船，要靠不断消耗和自身有限的资源而生存，如果不合理开发资源，肆意破坏环境，就会走向毁灭。"1966年，鲍尔丁发表了《未来宇宙飞船地球经济学》一文，提出只有不断重复利用有限的资源，人类才能繁衍下去，从系统论的角度认识人类经济活动，首次提出了"循环式经济"一词。1972年，罗马俱乐部发表著名报告《增长的极限》，系统考察经济增长与人口、自然资源、生态环境和科学技术进步之间的关系，向全世界发出了100年后经济增长将会因资源短缺和环境污染而停滞的警告。在这样的背景下，循环经济思想应运而生，并逐渐发展成为一种新的经济发展模式，循环经济理论也逐渐得到充实和完善并迅速在国外付诸实践。1990年，英国经环境经济学家皮尔斯（D. Pearce）和特纳（R. K.Turner）在其《自然资源和环境经济学》一书中首次从严谨的学术角度规范了循环经济概念。他们基于经济活动是在一个资源和承载力有限的全球自然系统中进行的这一判断，根据物质平衡原理，利用工业代谢分析工具，第一次提出了循环经济的模型。他们认为环境经济大系统本身就应该是一个循环的系统，人类就是要协调经济与环境之间的关系，从而保证整个环境经济大系统的良性循环。

20世纪90年代，可持续发展战略成为世界潮流。1992年，在巴西里约热内卢召开的联合国"环境与发展"大会，提出了"人类要生存，地球要拯救，环境与发展要协调"的口号。会议通过了《里约环境与发展宣言》和《21世纪议程》，正式提出了走可持续发展之路，号召世界各国在促进经济发展的过程中，不仅要关注发展的数量和速度，更要重视发展的质量和可持续性。世界各国陆续开始探索实现可持续发展的道路。因此，在可持续发展战略提出以来，发达国家把发展循环经济、建立循环型社会看作是实施可持续发展战略的重要途径和实现方式。日本、德国、美国、瑞士、瑞典等经济发达国家按照可持续发展的理念，使循环经济在这些国家得到快速发展，逐渐成为一种新的经济发展模式，并取得了卓有成效的实践经验。1996年，德国颁布了《循环经济与废弃物管理法》，首次在国家法律文本中使用循环经济一词，该法定义了什么是废弃物，而对废弃物的处理和再利用成为循环经济的核心，并将循环经济定义为物质闭环流动型经济。日本于2000年颁布了具有根本大法性质的《循环型社会推进基本法》，提出了在全国建立循环社会的目标，这是世界上首次在推动循环型社会形成方面的立法尝试。2005年，丹麦学者安德森的报告中提出，"循环经济"是一个在亚洲被广泛应用的来源于工业生态学的概念。

循环经济是一种善待地球的、把经济发展与环境保护融为一体的新的经济发展模式。循环农业是循环经济理念和方法在农业发展方式上的实践应用。虽然国外并没有提出"循环农业"这一概念，但已将循环经济应用于农业。由于各国进行现代化农业的进程不同，资源、地理、经济技术等条件的差异，在发展循环农业的内容与形式上也就有所不同。

日本各地的农业循环经济各具特色，其中，滋贺县爱东町发展形成的农业循环经济是非常成功的典型之一。爱东町地区利用其传统的农业区位优势，在政府的政策与资金支持下，不仅发展了农业循环经济，而且发展了农业关联产业，形成了区域性社会循环经济。如形成的以油菜生产和再加工利用为核心内容的循环农业体系，油菜加工产业成为区域内资源循环利用的主导体系，最终实现了区域内资源利用在产业之间的大循环。

德国是世界上发展农业循环经济最早的几个国家之一。为保护环境、节约资源，政府制定了许多政策，其中以再生能源的发展最受关注。德国政府非常重视发展可以用来生产矿物能源和化工原料替代品的经济作物，如对甜菜、马铃薯、油菜、玉米等进行定向选育，从中制取乙醇和甲烷，成功研制出了绿色能源。油菜籽已经是该国最重要的能源作物，它不仅可以用作化工原料，还可以提炼植物柴油，代替矿物柴油作动力燃料。

美国在发展精准农业方面取得了卓越进展。精准农业也称为精确农业、精细农作，是质量效益型农业，以优质高效为目标，追求以最少的投入获得最大的产出和效益。精准农业的核心是通过应用先进农业技术体系，实现农业生产资源的减量投入，达到降低生产成本的目的，这正是循环经济"减量化"原则的体现。20世纪80年代，美国提出了精准农业的构想，1990年美国将GPS全球定位系统技术应用到农业生产领域，标志着精确农业技术体系的初步形成；1993—1994年，美国明尼苏达州农场进行了精准农业技术试验，用GPS指导施肥的作物产量比传统产量提高30%左右，而且减少了化肥施用总量，经济效益大大提高。此后，小麦、玉米、大豆等作物的生产管理开始应用精准农业技术。

英国倡导在节约资源和不破坏环境的基础上生产食物，发展了"永久农业"。永久农业注重本地能量与资源的循环，强调相互关联的最大化利用，寻求尽可能节约使用资源的土地，强调多年生植物的使用，鼓励使用自我调节系统。

菲律宾的玛雅农场是农业循环经济发展的一个典型。玛雅农场的前身是一个面粉厂，其面粉厂产生的大量麸皮可以为养畜场和鱼塘提供原料，肉食加工和罐头制造厂对产出的畜产品和水产品进行深加工。为了控制粪肥污染和消耗，利用各种废弃物陆续建立起十几个沼气生产车间，沼气提供了农场生产和家庭生活所需要的能源。产气后的沼渣，一部分用作牲畜饲料，其余用作有机肥料。产气后的沼液经藻类氧化塘处理，再送入水塘养鱼养鸭。最后，再用塘水、塘泥去肥田。农田生产的粮食又送进面粉厂加工，进入又一次循环。该农场合理利用资源,形成了农林牧副渔生产良性循环的农业生态系统,实现了生物物质的充分循环利用,成为世界生态农业和农业循环经济的典型。

1.3.2.2 国内历程

"循环农业"是我国学者将循环经济理论应用于农业经济模式而提出的一个概念,先后还提出类似概念如"循环节约型农业""农业循环经济"等。张元浩从农业生产过程是物质循环和能量转化的过程定义了循环农业,较早提出了"循环农业"一词。在国内可供查阅到的正式文献中,较早提及"农业循环经济"的是2002年《循环经济与农业可持续发展》一文。"循环农业"最早出现于2002年陈德敏和王文献的一篇文章《循环农业——中国未来农业的发展模式》中,文章指出"要实现农业经济效益与环境效益的统一以至社会效益的最优化,必须实施农业清洁生产,以我国的生态农业为基础,发展我国的循环农业"。直到2004年,掀起了在全国范围内研究循环农业的热潮,关于循环农业的概念内涵特点研究、发展模式研究、技术支撑研究以及循环农业的评价等成为循环农业研究领域的热点。

2004年召开的中央经济工作会议提出"大力发展循环经济,逐步构建节约型的产业结构和消费结构"。2005年,党的十六届五中全会指出"要加快建设资源节约型、环境友好型社会,大力发展循环经济,加大环境保护力度"。2007年,农业部启动"循环农业促进行动",制订了《循环农业促进行动实施方案》。2008年,第十一届全国人大常委会第四次会议表决通过了《中华人民共和国循环经济促进法》,并于2009年1月1日开始实施,新法律的颁布与实施,对提高包括农业在内的资源利用效率和环境改善,具有重要的法律保障和促进作用。

2004年中央一号文件再次回归农业。至2019年,中国连续出台了16个指导"三农"工作的中央一号文件,其中10份文件均明确提出"鼓励发展循环农业、生态农业""促进生态友好型农业发展""大力推动农业循环经济发展""积极推广高效生态循环农业模式""发展生态循环农业"……尽管表述方式略有不同,但都表明了国家推动生态循环农业发展的决心和毅力。至此,我国的生态农业、循环农业在理论和政策方面进入了一个新的阶段,"生态循环农业"作为一个新的概念被广泛接受。为治理环境污染、促进生态循环农业发展,各项政策相继出台。2015年5月,农业部等7个部委联合发布的《全国农业可持续发展规划(2015—2030年)》,是指导今后我国农业发展的纲领性文件，规划明确提出"加快发展资源节约型、环境友好型和生态保育型农业"以及"推进生态循环农业发展"。2015年《农业部关于打好农业面源污染防治攻坚战的实施意见》，提出"一控两减三基本"的工作目标和重点任务，推进浙江省现代生态循环农业试点省和10个循环农业示范市建设，深入实施现代生态循环农业示范基地建设是任务之一。2015年农业部印发《到2020年化肥使用量零增长行动方案》和《到2020年农药使用量零增长行动方案》等配套意见方案的出台为生态循环农业发展提供指导。2016年国务院印发《全国农业现代化规划（2016—2020年）》确定绿色兴农，推进农业发展绿色化，实现资源利用高效、生态系统稳定、产地环境良好、产品质量安全是农业现代化5个方面的任务之一。2016年农业部印发《农业资源与生态环境保护工程规划（2016—2020年）》明确了今后生态循环农业的目标要求和重点任务。2018年农业农村部印发《农业农村部关于深入推进生态环境保护工作的意见》，为做好农业农村生态环境保护工作，打好农业面源污染防治攻坚战，全面推进农业绿色发展，推动农业农村生态文明建设迈上新台阶提出指导性意见。农业发展，政策先行，近年来多项相关政策的出台为我国生态循环农业发展提供了政策依据和指导意见，既表明了国家发展生态循环农业的决心，也为生态循环农业指明了发展思路、目标和具体要求。

2 国内外研究现状述评

2.1 生态农业、循环农业与生态循环农业概念辨析

国外学术界并未提出"循环农业"与"生态循环农业"这样的概念，但是关于"生态农业"概念的论述却比较丰富。1970年，美国密苏里大学土壤学家阿尔布勒奇（W. Albreche）从土壤学视角提出了"生态农业"概念，对生态农业的耕作提出了较为详细的要求，如健康的作物生长必须依赖优良的土壤条件；为了保证作物营养，并不损害生态环境，建议少量施用化肥；拒绝喷洒农药。1976年英国苏赛克斯大学农学家沃辛顿（M. K. Worthington）对欧洲有机农场进行调查并亲自试验，于1981年将生态农业明确定义为生态上能自我维持、低输入，经济上有生命力，在环境或伦理和审美诸方面不产生大的、长远的及不可接受的变化的小型农业系统。美国农业部从具体耕作和饲养要求方面对生态农业作了明确规范，要求生态农业完全不用或基本不用农药、化肥等人工合成物，在动物饲养过程中也完全不用饲料添加剂。生态农业在可行范围内尽量依靠作物轮作、秸秆、牲畜粪肥、豆科作物、绿肥、场外有机废料、含有矿物养分的矿石补偿养分，利用生物和人工技术防治病虫害等。马格多夫（Magdoff，2007）在研究中提出生态农业一词与农业生态学相似，因为它将生态学原理和方法应用于农业生态系统，这是一个更广泛的概念，可能更接近"可持续"农业。生态农业的实践涉及将自然生态系统的优势建设成农业生态系统，总体战略包括培育具有良好防御能力的健康植物，关注有害生物，以及增强有益生物种群。

从生产系统的视角提出的"生态农业"这一概念，将农业生产活动与生态环境保护相融合，反映了人们对农业经济增长和保护生态资源环境的双重诉求，是符合时代发展特征的理念，因而在理论界受到重视并被人们接受。国际

上关于替代农业的叫法比较多，如有机农业、生物农业、生态农业、生物动力农业、低投入农业、自然农业等，尽管提法不同，但是在遵循的理论和技术要求方面却没有本质的区别，可以统称为生态农业，本书也支持这一说法。因为这些替代农业具备一些共同的特征。第一，目的相同。这些替代农业都是为了解决石油农业发展模式带来的危害而逐渐提出来的，目的是减缓人类农业生产活动对资源、环境的破坏，减轻环境压力，维护农业生态系统的功能。第二，实践做法基本相同。在实践做法方面，这些替代农业都倡导顺应自然，尊重自然规律，加强对农业生态系统的保护，禁止使用或少用人工化学品，以有机物还田和作物轮作为基础，主张对病虫害进行生物防治，以保护环境，减少能耗、降低成本。

"生态循环农业"这一概念是我国学者在生态农业、循环农业的相关理论及其实践发展中提出的一个特有概念。目前国内虽然对生态循环农业的概念还未形成统一，但是对于循环农业、生态农业的相关研究成果为生态循环农业这一概念提供了理论支撑。

"循环农业"也是我国学者提出的一个概念，先后还提出过"循环节约型农业""农业循环经济"等类似概念。在国内可供查阅到的正式文献中，2002年由吴天马撰写的《循环经济与农业可持续发展》一文中较早提及"农业循环经济"。"循环农业"一词最早出现于2002年陈德敏和王文献的一篇文章《循环农业——中国未来农业的发展模式》中。此后，诸多学者对循环农业的概念加以界定。周震峰等（2004）认为循环型农业是运用可持续发展思想和循环经济理论与生态工程学的方法，在保护农业生态环境和充分利用高新技术的基础上，调整和优化农业生态系统内部结构及产业结构，提高农业系统物质能量的多级循环利用，严格控制外部有害物质的投入和农业废弃物的产生，最大限度地减轻环境污染，使农业生产经济活动真正纳入农业生态系统循环中，实现生态的良性循环与农业的可持续发展。宣亚南等（2005）将循环农业定义为尊重生态系统和经济活动系统的基本规律，以经济效益为驱动力，以绿色核算体系和可持续协调发展评估体系为导向，按照原则，通过优化农业产品生产至消费整个产业链的结构，实现物质的多级循环使用和产业活动对环境的有害因子零最小排放或零最小干扰的一种农业生产经营模式。郭铁民等（2004）认为循环农业是指运用生态学、生态经济学、生态技术学原理及其基本规律作为指导的农业经济形态，通过建立农业经济增长与生态系统环境质量改善的动态均衡机制，以绿色核算体系和可持续协调发展评估体系为导向，将农业经济活动与生态系统的各种资源要素视为一个密不可分的整体加以统筹协调的新型农业发展模式。尹昌斌等（2006a，b）提出，循环农业的核心是运用可持续发展思想，循环经济理论与产业链延伸理念，通过农业技术创新，调整和优化农业生态系统内部结构及产业结构，延长产业链条，提高农业系统物质能量的多级循环利用，最大限度地利用农业生物质能源，利用生产中的每一个物质环节，倡导清洁生产和节约消费，严格控制外部有害物质的投入和农业废弃物的产生，最大限度地减轻环境污染和生态破坏，同时实现农业生产各个环节的价值增值和生活环境优美，使农业生产和生活真正纳入农业生态系统循环中，实现生态的良性循环与农村建设的和谐发展。

辨析以上概念，发现尽管学者对于循环农业概念的侧重点有所不同，但是都提倡将农业经济活动与生态系统、环境保护融为一体，突破了常规农业过分强调经济效益这一理念。尹昌斌等关于循环农业的界定更为具体全面，既重视经济和生态双重效益提升的理念，又对循环农业的具体实现途径、技术等提出要求，尤其强调产业链的延伸和资源节约，同时也将循环农业与农村和谐发展联系起来，具有更广泛的意义。

在生态农业方面，被誉为我国"生态农业奠基者"的叶谦吉教授于1982年发表《生态农业——我国农业的一次绿色革命》一文，正式提出了中国的"生态农业"这一术语。1988年，叶谦吉在著作《生态农业——农业的未来》中对生态农业的概念首先加以界定，指出生态农业是按照生态学原理、经济学原理和生态经济学原理，运用现代科学技术成果和现代管理手段以及传统农业的有效经验建立起来，以期获得较高的经济效益、生态效益和社会效益的现代化的农业发展模式。这一概念明确提出了生态农业的经济效益、生态效益和社会效益的特征，这一观点构成了中国生态农业的基本特征和核心。

随后，诸多学者对生态农业的概念进行界定。马世骏、边疆认为生态农业是因地制宜应用生物共生和物质再循环原理及现代科学体系，结合系统工程方法而设计的综合农业生产体系。孙鸿良（1996）认为，生态农业是以生态学、生态经济学为基本理论指导，把农业生产、农村经济发展和生态环境的治理与保护、资源的培育与高效利用融为一体的既满足生态合理性，又实现功能良性循环的新型综合农业体系。这一概念表明了中国的生态农业既是一种新型的现代农业发展模式，也是我国农村经济可持续发展的战略选择。

与循环农业的概念界定一样，尽管学者们关注的侧重点略有差异，但是对生态农业内涵和要求的把握基本相同：生态学、生态经济学等理论是生态农业的理论依据；生态农业关注生态与经济的协调发展；现代农业科学技术是生态农业的技术支撑。

通过对循环农业和生态农业概念的梳理发现，循环农业和生态农业在思想上和实践中相互融合、交叉存在。例如，曲格平（2001）定义循环经济本质上是一种生态经济，它要求运用生态学规律来指导人类社会的经济活动。在对生态农业和循环农业关系的上，叶堂林（2006）认为生态农业含有循环经济的理念，是当今世界农业发展的总趋势，也是实现循环农业的可持续发展的必然要求；生态农业是循环农业的基础。季昆森（2005）提出循环经济型生态农业的概念，其实质是循环经济的"减量化、再使用、再循环、再思考"4个原则在发展生态农业上的运用。翁伯琦等（2006）认为生态农业是发展循环农业的最佳模式之一和主要实践形式。叶堂林（2006）认为生态农业含有循环经济的理念，发展生态农业是实现循环农业可持续发展的必然要求；并进一步指出生态农业是循环农业的基础。张俊飚（2010）指出循环经济理论以可持续发展理论为指导，并充分体现了生态经济理论，从这个意义上甚至可以说循环经济的本质就是生态经济。

生态农业和循环农业在概念上表现出来的差异，我们认为这是由于从不同的视角认识造成的结果。生态农业是从生态经济学理论发展而来的子概念，是生态经济学理论在农业方面的具体应用，重视的是对资源环境的保护、对生态系统的维护等。而循环农业是从循环经济学理论发展而来的子概念，是循环经济理论在农业发展上的指导应用，侧重的是对资源的循环节约、再利用。尽管在形式上生态农业和循环农业二者关注的侧重点不同，但是最终目标是一致的，都是以资源节约和合理利用为基础，强调生态与经济相互协调，既实现经济健康持续发展，又保护资源环境和生态系统的良性循环。

农业生产活动的特殊性使生态经济理论和循环经济理论在农业领域应用过程中产生了交叉融合，高效可持续的农业发展必须既符生态合经济的要求，又满足循环经济的要求。农业是与自然结合最为紧密的产业，农业的发展既以自然资源环境为依托，又反过来对环境产生直接而广泛的影响，农业生产活动首先要在生态经济理论指导下，尊重自然、顺应自然，实现自然界与经济的和谐发展；同时，在这一过程中，循环经济的理论和方法又为农业发展提供了具体而有效的指导，如循环经济的减量化、再利用、再循环"3R"原则对于生态农业的发展具有很好的实践指导意义。通过对生态经济和循环经济概念的比较，以及对生态农业和循环农业概念的分析，得出生态农业和循环农业具有密切不可区分的关系，在理论上，循环经济的本质就是生态经济，生态农业和循环农业具有高度一致性，在发展初衷和发展目的上，它们都是在人类经济活动面临资源环境危机的情况下诞生的替代农业，目的都是解决资源环境危机，减轻经济活动对生态、资源、环境的压力。在发展的具体手段上，都强调依靠现代科学技术。此外，在生产实践中，生态农业和循环农业更是表现出相互交融，难以完全区别的特点。因此本书认为采用生态循环农业这一概念更能准确地表述其内涵和外延。近些年的研究中，生态循环农业这一提法也越来越普及，郑水明（2011）对生态循环农业作了定义，运用可持续发展理念、循环经济理论和生态工程学方法，以农业生态环境保护为核心，综合生态农业和循环农业的优势特征，建立农业资源利用、农业经济增长与生态环境质量改善的动态均衡机制，达到降低资源消耗、物质循环利用、减少环境污染的目的，是实现经济、社会、生态效益有机统一的现代农业发展方式。这一概念较好地概括了生态循环农业的内涵及外延，既表明了生态循环农业发展的目标和效益，又指出了具体的实现方法，因此，在本书后续的分析中将统一用生态循环农业这一概念来表述。近年来越来越多的学者开始使用生态循环农业这一概念，国家的政策文件也不断地使用这一表述方式。

2.2 生态循环农业模式研究

生态循环农业的模式建设关系到生态循环农业的推广、普及及生态循环农业建设的途径、标准和评价标准的建立，因此，模式的研究是该领域的一个重点问题。

国外生态循环农业发展模式方面，日本宫崎县菱镇的资源循环型农业生产模式是一个典型代表（尹昌斌和周颖，2008）。该种模式以资源的循环利用为核心，将下水道污泥、动物粪便以及企业的有机废物为前端原料进行资源化利用生产甲烷，并将废渣作为肥料用于种植业。该镇在20世纪80年代就已经开始这种模式的探索，并且取得了良好的效果。这种模式能够较早在当地开展有其客观条件，首先是技术较为先进，能够支撑相关设备的需求；其次，日本人较早地意识到了生态的重要价值；最后，当地政府制定相应的政策也为模式的运行提供了重要保障。从模式本身的基本思想看，是通过资源的再利用从而实现减少废物排放、提升生态效益的目的。这一基本原理在其余的生态循环农业模式中也都会有体现，所不同的是在具体的实现上会结合当地不同的产业情况有具体的区别。

我国幅员辽阔，资源环境的地域特征差异明显，各个地区经济、社会、历史、文化发展不尽相同，以此为基础，不同地区的人们在日积月累的农业生产实践中探索出了各具特色的生态循环农业发展模式，如北方的"四位一体"生态循环农业模式、南方的桑基鱼塘和"猪-沼-果"等模式为人们所熟知。为全面了解我国各地生态循环农业发展实践模式，2004年，农业部科技司在向全国征集到的370种生态农业模式和技术体系中进行遴选，依据各地的自然资源、农业生产环境、经济社会发展条件和模式运行状况，推出了具有代表性并经过实践检验的十大类型生态农业模式和技术，分别是北方"旱作农业和塑料大棚+养猪+厕所+沼气"四位一体生态农业模式、南方"猪-沼-果"生态农业模式、平原农林牧复合生态农业模式、草地生态恢复与持续利用生态模式、生态种植模式、生态畜牧业生产模式、生态渔业模式、丘陵山区小流域综合治理模式、设施生态农业模式和观光生态农业模式。这十大生态农业模式及其配套技术是我国千百年来农业生产实践者的智慧结晶，经过实践的检验被社会所认可并作为成功范例在全国范围内加以推广。

丰富多彩的生产实践为生态循环农业理论的研究提供了肥沃的土壤，许多专家学者站在不同的领域和视角对其进行了深入分析。孙鸿良（1996）总结了我国各地创建的10种生态农业种植模式：南方稻田动植物共生模式，农林间作模式，多种多收的时间结构优化模式，多层高效的空间结构优化模式，基塘结合大循环模式，生物能多层次循环再生模式，庭院立体经营模式，多样性、有序性增强抗灾力模式，人工林复合经营模式，多系统、多种群结合提高整体效应模式。李新平等（2001）从多个角度对生态农业模式作了分类，根据建设规模或行政级别将其划分为生态农业市、县、乡、村及户等不同类型；根据自然地理条件和社会经济状况将生态农业划分为平原型、山区型、丘陵型等类型。郭铁民等（2004）根据福建农业的特点提出了生态整合模式、生态链连接与转换模式、生态农业园模式、区域型循环经济模式、家庭型循环经济模式等生态农业模式。尹昌斌和周颖（2008）提出基于产业空间布局的循环农业模式，包括以单个企业、农户为主体的经营型模式，企业、产业之间的生态园区型模式和区域范围内的循环型社区模式。骆世明（2009）以生态学的生物组织层次为依据，将生态农业划分为景观布局模式、生态系统循环模式、群落立体模式、种群食物链模式和品种搭配模式等。张俊飚（2010）提出资源节约型循环农业模式、资源再利用型循环农业模式、资源开发型循环农业模式。崔艺凡等

（2016）立足于浙江生态循环农业发展实践，提出了经营主体小循环、园区生态中循环和区域闭合大循环模式。朱品文（2017）则根据循环经济的"3R"原则，在调研的基础上将河南省循环农业发展模式归纳为再资源化、减量型和再使用型等模式。

通过对以上文献的梳理发现，目前的生态循环农业模式基本都是根据地域特征、资源环境、技术特点、社会经济发展状况等而提出，这些模式都具有较强的自然、技术和社会经济特征，适应性较差，这限制了其在全国范围内的推广，而且模式构建的出发点和重点都集中在资源如何循环以及再利用上，换言之，在客观的循环链条的构建上用力较多，但是对循环中的价值增值研究较少，对于循环中谁来发挥主体作用的研究则更为稀少。但是，在实际经营中，任何一种农业生产方式的发展，最终都要落实到参与者身上，生态循环农业是一种新型的农业发展方式，要全面推进它的发展，更需要发挥其主要参与主体的作用。基于此，本书认为如果能够构建一种基于参与主体的带动生态循环农业发展的模式将更有意义。尽管也有研究提出了基于经营主体的模式，如尹昌斌和周颖（2008）、崔艺凡等（2016）的研究，但是这些研究均是把企业作为一个普通的循环载体，没有深入分析企业对于带动生态循环农业发展的不可替代的作用和意义。因此，从这个角度出发，本研究将在对生态循环农业参与主体识别并分析其作用的基础上，构建一种基于参与主体的、具有强大带动作用的生态循环农业发展模式，并深入开展保障模式顺利运行和广泛推广的相关研究。

2.3 生态循环农业效益评价研究

生态循环农业之所以能够被人们所关注，并积极应用于实践，根源在于它是一种集经济效益、社会效益和生态效益于一体的高效农业形态。生态循环农业的效益评价是学者们研究的一个重点问题。如Pacini等（2003）通过将综合经济—环境会计框架应用于意大利托斯卡尼的相关案例农场，研究表明有机农业系统在氮损失、农药风险、生物多样性以及其他环境指标方面的绩效要优于传统农业系统。Granlund等（2015）选择了芬兰3个农业集水区来展示生态循环农业的环境影响，其模拟结果表明生态循环农业能够降低无机氮损失。

为了准确评估、测算生态循环农业的效益，国内学者作了大量的研究，研究的焦点主要集中于两个方面：一是生态循环农业评价指标体系的构建；二是具体研究方法的选择。评价指标体系的构建是综合效益评价的基础,但是目前在生态循环农业评价指标的选择方面还并没有达成一致的观点,这就造成即便是对于同一事物的评价,由于选择不同指标而导致不同的评价结果。目前生态循环农业效益评价的主要方法有成本效益评价法、AHP层次分析法、模糊聚类评价法、综合指数评价方法、灰色关联分析法、主成分分析法等。如周荣荣(2002)在建立生态农业的综合效益指标体系的基础上,对江苏省县域生态农业的综合效益进行评价。葛杨等(2004)利用成本效益评价法构建模型,论证了循环经济价值链的形成机制。孟丽莎(2007)构建了城市循环经济评价指标体系,并采取层次分析与模糊评价相结合的方法设计了循环经济模糊综合评价模型。杨雪锋等(2011)采用层次分析法对石家庄农业循环经济系统进行了综合评价。张立华(2011)构建了我国循环农业发展评价指标体系,运用主成分分析法对中国1996—2008年的循环农业发展综合效益进行了评价。钟利那(2018)在构建贵州省生态农业绩效指标评价体系的基础上,利用主成分分析法对贵州省9个市(州)的生态农业绩效进行了评价。刘心一(2018)利用层次分析法及加权评分法对2012—2016年黔东南山地生态农业发展进行了评价。喻靖文(2018)运用综合指数法评价了中日2000—2015年循环农业发展水平,并采用障碍度模型诊断影响循环农业发展水平的主要障碍因子。肖阳(2018)运用成本收益分析法通过对典型园区循环农业模式的效益与普通农业的效益进行比较测算,结果表明循环农业模式能够带来可观的经济效益、社会效益和环境效益。

以上结果为评价研究地区生态循环农业发展的效益状况提供了有益的实证依据,但是层次分析法、主成分分析法等都涉及评价指标体系的构建,而由于指标选取并未统一,况且层次分析法还需要主观赋权,导致其评价结果仍存在一定的欠缺。相反,成本收益分析法虽然原理简单,但是只要能够获得完整、真实的数据,则其评价结果将更为客观、准确。本研究构建了基于参与主体的生态循环农业模式,为了进一步说明模式的价值和意义,需要对每种模式所能够带来的效益进行测算,由于计算中所需数据均可获得,故而将借鉴肖阳(2018)所采纳的方法测算模式的效益。

2.4 生态循环农业动力机制研究

生态循环农业模式的顺利运行需要靠有效的动力机制来予以保障。目前专门研究生态循环农业动力机制的文献并不多见，而关于循环经济动力机制的研究则相对丰富。生态循环农业动力机制是循环经济动力机制的一种具体形式，循环经济的动力机制对于构建生态循环农业动力机制具有借鉴意义。因此，本书重点对循环经济动力机制的相关文献进行了梳理。学者们普遍认为构建动力机制对于促进循环经济发展具有重要意义。李冬（2008）认为在目前的经济条件下，循环经济不会自发达成。发展循环经济的关键是通过制度创新来构建循环经济的动力机制。韩玉堂（2008）认为循环经济的正常运作有赖于循环经济动力机制的作用。张其春等（2011）认为循环经济发展动力不足，已经成为其广泛推广的主要障碍。陈胜男等（2010）指出循环经济的动力问题对于指导循环经济实践，推动循环经济持续健康发展具有显著作用。张其春等（2011）认为循环经济发展动力不足，已经成为其广泛推广的主要障碍。

王朝全（2006）认为循环经济发展动力机制是指循环经济系统运行演进过程中的动力获取及其作用方式，认为动力机制应包括动力的形成、动力的传递和动力的作用等环节，并总结出四种动力机制，包括利益驱动、社会需求拉动、技术进步推动以及政府支持等。张昌蓉等（2008）从系统思想的角度，系统地分析了宏观、中观、微观3个层面的循环经济标志特征，并在此基础上确定出循环经济动力机制体系，同时对构建我国循环经济动力机制体系提出了一些建议。李冬（2008）研究指出发展循环经济的关键是构建政府、企业和消费者等主体的动力机制，提出循环经济动力机制包括经济利益诱导机制、环境责任约束机制和绿色价值观影响机制，并针对这些机制提出相应的解决措施。张昌蓉等（2008）认为循环经济发展的动力机制体系包括能驱动循环经济快速可持续发展的一切有利因素及它们的运行规则。张其春（2011）对循环经济动力机制作了定义，认为企业发展循环经济的动力机制是指推动企业发展循环经济的各种动力要素的相互关系、作用机理、功能结构以及为维护、强化和激励它们之间作用机理的各种经济关系、组织制度等所构成的综合系统。在此基础上构建了包括动力激发机制、动力传导机制、动力反馈机制、动力耦合机制的动力机制模型。周颖等（2012）提出推动循环农业产业链的动力机制，包括：以价格机制、竞争机制为核心的内源动力机制，以及以政策制度、技术创新、市场建设、人才培养为重点的外源动力机制。赵大伟（2012）从外部推动力和内部驱动力两个方面对绿色农业发展的动力作了阐述：外部推动力包括政策激励、需求动力、供给动力、技术创新、专业分工；内部驱动力主要包括绿色生产企业内部的竞争驱动力、组织结构创新、绿色文化感召力、激励机制催动力。

　　研读以上文献发现，赵大伟（2002）提出的内部动力、外部动力的分析方法是动力机制研究的普遍分析方法，但是他研究动力机制的着眼点并不是循环性质的经济系统。我们认为研究循环经济的动力机制要着眼于"循环"这一特征，一个循环经济体和普通经济体其动力机制既有通用的内容，也肯定有其特殊之处，立足于这种特殊的地方去挖掘动力的作用方式，才能更加有效地指导循环体系的构成。王朝全（2006）、张其春等（2011）对循环经济体动力机制的研究过程和结论，也并没有从循环这一特殊视角开展研究，因此其构建的动力机制模型或分析框架难以真正体现循环经济体动力作用的内在机理。循环经济的动力机制目前尚缺乏围绕循环这一关键要素来开展动力作用机理研究的成果，这也是造成当前循环经济开展效果不佳的一个重要原因。

　　现有的动力机制研究基本都是对动力机制进行了宏观层面的研究，停留在较为初步的静态的研究层面，缺乏对动力的生成、传导、作用机理的深入研究，并没有回答出循环经济驱动系统的运行规律，也就是说"是谁什么时候靠什么动力去驱动循环经济的发展"这一动力机制最应该解决的问题并没有得到解决。因此，本研究将在前人研究的基础上，基于循环经济系统构建一种能够保障生态循环农业模式顺利运行的较为严密的动力机制。

2.5　生态循环农业主体行为研究

　　无论何种农业生产路径、方式最终都要落实到行为主体身上，探究生态循环农业参与主体的意愿、行为，并找出影响因素，对于推动生态循环农业的高效发展具有重要保障作用。目前关于生态循环农业主体的研究主要集中在两个方面：一是发展生态循环农业主体的确定及其作用；二是集中于农户的意愿和行为的相关研究。伍世良等（2001）从生态的观点出发，站在经济效益和规模效益的角度提出以村、乡为主体的生态农业建设较农户式生态农业建设为佳，但是以县为单位加速生态农业建设更加科学、有效和有意义。杨锦秀等（2007）在对四川农户参与农业循环经济状况进行调研的基础上，深入分析了农业循环经济实施效果与农户满意度及其内在需求，在此基础上对四川发展农业循环经济提出对策与建议。陈诗波（2008）研究表明循环农业发展中政府、农村中介组织和农业企业的行为及其他外部因素对农户生产技术效率具有重要影响；"政府+企业+协会+农户"发展模式对农户生产技术效率具有十分明显的效果。魏百刚等（2009）认为农业循环经济的发展主体包括农户、企业、政府及非政府组织。农户和企业是农业循环经济发展的直接的实践主体，政府和非政府组织则是间接的发展主体。农户作为发展农业循环经济的重要主体，有必要增强农户发展循环经济的意识和动力。农民专业合作组织在促进农业循环经济发展方面具有一定优势，建议注重发展农民专业合作社的纽带作用。

近年来也有诸多学者在实地调研的基础上，研究了农户关于生态循环农业相关的行为和技术的接受意愿，并提出了促进措施。如Arellanes等（2003）对洪都拉斯北部农户采用labranza minima技术和green manure技术的研究，Moreno等（2003）对加利福尼亚州中心流域灌溉技术选择的研究，Payne等（2003）对玉米食根虫Bt种子技术采纳情况的研究。喻永红等（2009）利用在湖北省的实地调研数据，应用Logistic回归模型对农户采纳IPM技术的意愿进行了实证研究。葛继红等（2010）基于江苏省农户调查数据，运用Probit模型分析了农户选择配方施肥技术的影响因素，用Tobit模型分析了影响配方肥施用比例的因素。张立国（2011）运用二元Logistic模型分析了农户环境友好型农业生产意愿的影响因素。蒋琳莉等（2014）基于湖北省的调研数据，探讨了农户对农业生产废弃物处理方式的选择，并运用Logistic回归模型分析了影响因素。田云等（2015）基于湖北省的调查数据，以化肥和农药使用为例，运用二元Logistic模型探讨了影响农户农业低碳生产行为的主要因素。文长存等（2016）基于辽宁省玉米水稻种植户的调查数据，运用二元Logistic回归模型，对农户节水灌溉技术、测土配方施肥技术、秸秆还田技术采用行为的影响因素进行了研究。周琼等（2017）运用Logistic模型研究了农户对4种环境友好型技术的采用行为。盖豪等（2018）基于湖北、山东两省的调查数据，利用Logistic模型分析了农户环境友好型技术采纳意愿的影响因素，并运用ISM模型对各因素间的关系和层次结构进行了研究。

现有文献提出了生态循环农业参与主体主要包括农户、企业、政府及社会公众，本书也认同这一观点，并在前人研究的基础上，对各参与主体对发展生态循环农业的作用进行充分论述，理顺它们之间的关系，这将成为本书研究的基点。笔者在调查研究大量文献的基础上基于不同视角运用相关模型对农户的意愿和行为进行了分析，并提出了相关政策建议。这些研究基本都具有较强的时间和地域特征；此外，大部分研究是针对某一特定的行为和技术展开的分析，如废弃物处理行为、新技术采纳意愿等，而缺乏关于生态循环农业整体实施意愿的分析。本书的研究借鉴现有研究成果，并结合实际调研数据，从整体上探讨农户参与生态循环农业的意愿；继而，以农户有机肥施用行为为例，选择相应模型对影响农户有机肥施用行为的因素进行分析。研究结果对推动河南乃至全国农户参与到生态循环农业模式中，促进生态循环农业的发展均具有一定的实践指导作用。

2.6 本章小结

围绕本书的主要研究内容，首先对生态循环农业的概念进行了详细阐释和界定。通过对生态农业、循环农业的概念加以梳理，发现二者在理论上、发展初衷和发展目的及具体手段等方面关系密切，因此，认为用生态循环农业更能准确表述其内涵和外延。以生态循环农业概念界定为基础，对生态循环农业的发展模式相关文献进行梳理，目前关于模式的研究成果非常丰富，但是更多关注的是模式本身的技术可行性，而忽视了推动模式运行的参与主体的作用，本书认为在满足模式自然、技术条件的基础上，构建基于参与主体的模式将更有利于模式的建立和推广。生态循环农业是集经济效益、社会效益和生态效益有机统一的高效农业，诸多学者采用不同的方法对不同地区、不同层次的生态循环农业效益进行了评价，以层次分析法、主成分分析法为代表的评价方法都存在自身的缺陷，因此，本书将考虑用成本收益分析法对3种模式的经济效益、社会效益和生态效益进行测算，以获得更直观更准确的测算结果。

本研究中，动力机制和参与机制是保障生态循环农业模式运行的两大保障。因此，分别对生态循环农业的动力机制和与参与机制密切相关的生态循环农业主体行为的相关文献进行梳理。目前专门研究生态循环农业动力机制的文献并不多见，循环经济动力机制的研究成果对我们具有一定借鉴意义。但是现有的研究成果基本停留在循环经济动力机制的宏观层面，并未揭示循环经济动力机制的内在机理，因此，本书将在对循环经济动力机制分析的基础上构建一个能够应用于生态循环农业的动力机制分析模型。生态循环农业主体行为的研究成果比较丰富，借鉴现有成果，本研究认同生态循环农业参与主体主要包括农户、农业企业、政府以及社会公众，并将考虑生态循环农业发展的内在要求，对各主体的作用进行深入分析。在研究农户采纳某一农业新技术或者参与环境友好型农业的行为和意愿方面，大多文献基于实际调研数据运用Logistic

回归模型进行了分析，本书将借鉴这一方法，并进一步运用解释结构模型对农户施用有机肥的行为进行研究。此外，目前仍然缺乏在整体上探析农户参与生态循环农业意愿的研究成果，本书的研究将对此进行补充。

综上，本书希望在前人研究基础之上，对上述问题进行分析，以期为推动生态循环农业持续快速发展提供参考意见。

3 生态循环农业模式与保障机制的理论基础

本研究的理论基础主要包括生态经济与生态产业理论、循环经济理论、外部性理论、循环链条物质流分析原理以及农户行为理论。本书将以这些理论基础为依托,围绕生态循环农业模式展开一系列重要问题的研究。

3.1 生态经济和生态产业理论

生态学(ecology)研究自然界的管理,经济学(economics)研究人类社会的管理。按照定义,生态学是研究动植物与其所处的有机和无机环境之间关系的一门学科,而经济学是研究人类如何生存以及如何满足自己的需要和欲望的一门学科。生态经济学(ecological economics)则是研究自然界管理和人类社会管理之间关系的一门学科,即生态经济学就是研究生态系统和经济系统间的相互作用。图3-1反映了经济系统与环境系统的相互关系。所谓"经济"是指整个世界经济作为一个单一的系统来看待,所谓"环境"则是指整个自然环境。可以看出,经济系统作为环境系统的子系统,它与环境系统进行能量和物质的交换。经济系统与环境系统相互依赖,经济系统的活动会影响环境,自然环境反过来也对经济系统产生影响。就大部分的人类历史而言,由于人类数量较少,活动能力较弱,人类与环境相互作用的水平有限,对环境的影响作用非常微弱。然而,在最近的200年间,这种作用迅速增强。现今,全球范围的人类经济活动从环境中攫取资源并排放废弃物的水平已经严重影响了环境的作用方式。环境作用方式的改变影响了它给人类提供服务的能力。在这样的背景下,人们逐渐意识到生态资源的有限性及生态系统功能改变对人类社会和经济发展的影响,生态和经济的相互关系被人们日益重视起来,生态经济就是对这一问题进行深入思考和研究而发展起来的理论。生态经济对生态环境与人类经济发展的关系作了重新界定,它正视了生态资源的有限性,提出人类的经济活动应该在资源环境的承载范畴以内活动,如果超出这一范畴,将影响到生态环境本身功能的发挥,而这最终将影响到人类的福利。因此,生态经济提出以全面的经济发展的目标取代传统的单纯的经济增长为目标,重视生态环境的自然承载能力及其与经济的关系。由此,我们便可以理解可持续性和可持续发展是生态经济学中非常重要的中心思想。可持续性是指保持经济—环境复合系统长期持续地满足人类需要和欲望的能力;可持续发展是既满足当代人类的需要和欲望,又不危害经济—环境复合系统满足后代人类需要和欲望的能力的一种经济增长方式。

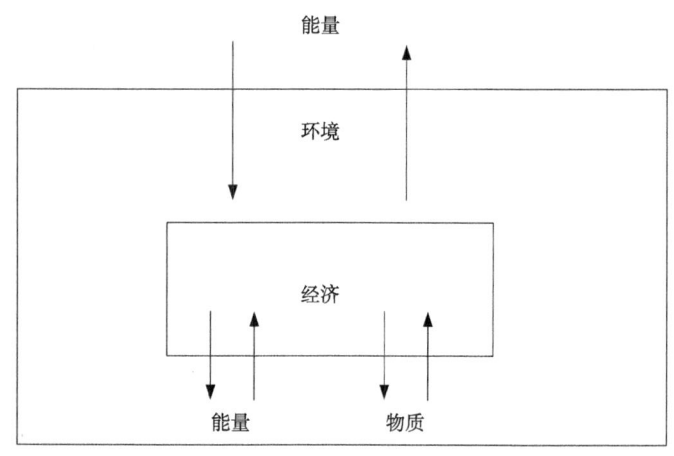

图3-1　经济系统与环境系统的关系

总结来说,生态经济对经济发展提出了新的要求,它要求把经济发展与生态环境看作一个统一体,强调人类的经济活动既要符合经济规律又要尊重生态原理,在不破坏生态环境的前提下,实现经济可持续发展与资源环境保护相协调的目标。

生态经济是生态循环农业发展的重要理论支撑,根据生态经济学关于人类经济活动和生态系统的关系界定,要求农业的发展必须遵循自然生态规律,而且农业本身是与自然关系最为紧密的一个产业,农业的发展尤为离不开自然界的支持,因此,在生产过程中需要将农业生产与自然环境融为一体,既遵循经济规律,又要按照生态学原理注重保护生态系统和资源环境,走农业经济增长与生态发展相统一的可持续发展道路,实现农业经济、自然资源和生态环境的全面协调。按照这一理念,与生态循环农业相关的发展模式、人的行为和内在动力的生成等都必须遵循生态经济理论对人类经济活动的基本要求。

20世纪70年代，清洁生产理论作为一种可以降低环境污染的生产理论被广泛关注，但是清洁生产只强调产品的生产工艺过程，忽视了不同产业部门之间以及自然生态系统之间的生态耦合和资源共享，限制了经济效益和生态效益的发挥。80年代产业生态学作为对清洁生产的升华和补充，得到快速发展，以产业生态学为理论基础的生态产业理论逐渐形成。生态产业具有以下3个主要特点。

一是形成企业和行业间的横向共生。传统的产业生产是相互独立的"原材料—产品—废弃物"的线性物质流动过程，容易造成废弃物的堆积和环境污染问题。生态产业强调实现产业生态系统中物质的闭环循环，形成闭环循环的一个重要的方式是在产业系统中建立不同工艺流程和不同行业之间的横向共生，以此来实现物质的多重利用和循环再生，将生产过程中产生负效益的废弃物转变为具有正效益的有用资源。

二是物质循环的纵向闭合。生态产业与传统产业的重要区别就在于它强调物质生命周期的全循环，要实现资源的永续循环利用。传统产业的物质单线流动的生产方式容易造成生态系统功能失调，因为它一方面从自然界获取资源，造成了一些资源的枯竭；另一方面又将大量生产废弃物排入环境和生态系统，造成生态系统功能失调。生态产业解决了传统产业的这一问题，它的发展思路是将废弃物回收利用，实现物质的封闭循环。

三是生产的区域性联合。发展生态产业要求在一定的区域内，在自然系统的可承载能力内，对各种自然资源做到充分利用，通过企业间、企业与社区间的紧密合作，在区域范围内对物质和能量进行综合平衡，实现区域内部资源高效利用，外部废弃物排放最小化的目标。

生态循环农业本质上是一种生态产业，生态产业理论关于生态产业特点的界定为生态循环农业的发展提供了一条清晰的思路，生态循环农业也可以按照企业和行业间的横向共生方式、物质循环的纵向闭合以及生产的区域性联合等方式实现废弃物资源的再利用，生态产业的相关理论为本文关于生态循环农业模式的分析提供了理论支撑。

3.2 循环经济理论

3.2.1 循环经济的内涵

1998年"循环经济"一词根据德国《循环经济和废弃物管理法》的翻译被

引入中国，当时的基本定义是"物质闭环流动型经济"。20世纪90年代末，我国学者针对国内日益突出的资源环境问题，在总结国外循环经济理论研究与实践经验的基础上，对循环经济的研究上升到一个新的阶段，极大丰富了循环经济的内涵。

诸大建（2000）对循环经济理论作了较为详细的论述，他指出循环经济是一种善待地球的经济发展新模式，要按照"自然资源—产品—再生资源"的反馈式流程来组织经济活动，生产投入的所有资源都可以在这个反馈式的循环流动过程中实现最合理的利用，尽可能降低人类活动对自然环境的影响程度。曲格平（2001）同样认为循环经济要组织经济活动形成一个反馈式的闭环流程，倡导与环境和谐发展的经济模式，因此在本质上循环经济就是一种生态经济。谢振华（2004）也认为循环经济的本质是生态经济，循环经济是按照"资源消费—产品—再生资源"的过程组织经济活动的闭环型物质流动模式，其核心思想是提高人类对生态环境的利用效率。季昆森（2005）同上面学者一样，认为循环经济是一种物质闭环流动型经济，是对传统线性经济的改良，而且循环经济的本质是生态经济，它要求对进入系统的物质和能量进行最大限度地利用，以实现经济活动"低开采、高利用、低排放"的目标。马凯（2004）提出循环经济是一种以资源的高效利用和循环利用为核心，以"减量化、再利用、资源化"为原则，以低消耗、低排放、高效率为基本特征，符合可持续发展理念的经济增长模式，是对传统增长模式的根本变革。这一概念对循环经济的原则、特点及其意义做了简明扼要的概括，涵盖了循环经济的重要内容，因此影响也最为广泛。由以上主要概念可看出，尽管关于循环经济的描述不尽相同，但是对于循环经济的要求、原则、目的基本是一致的。

通过对循环经济定义的梳理发现，尽管不同表述的侧重点有所差别，但是学者们对循环经济的本质和核心内容基本持一致观点，在循环经济和生态经济的关系上，普遍认为循环经济的本质是生态经济，循环经济的发展应当遵循生态经济的理念；在循环经济的形式上，它是一种物质资源闭环流动形式，从而完全区别于传统的线性经济形式；发展循环经济的目的是通过实现物质和能量的高效循环利用，以解决资源环境危机，减轻人类活动对环境的压力。

3.2.2 循环经济的原则

循环经济在发展过程中形成了减量化（reducing）、再利用（reusing）、再循环（recycle）3个基本原则（"3R"原则）。减量化原则是指以资源投入最小化为目标，主要针对生产过程的输入端，减少生产与消费过程中的物质和能量的输入，尤其是减少稀缺或不可再生资源、物质的投入量，从源头节约资源能源使用并减少污染物的排放。再利用原则是指以废弃物利用最大化为目标，主要通过延长产品和服务的时间，进而提高产品和服务的利用效率。再循环原则是以污染排放最小化为目标，主要针对生产过程的输出端，通过对废弃物的多次回收利用和闭合式循环，尽可能降低废弃物排放。循环经济的"3R"原则涵盖了生产过程的输入端、产品和服务的中间使用过程和生产过程的输出端等重要节点，较为全面地表达了人们对发展循环经济的基本要求，为各个产业、行业发展循环经济指明了应该关注的焦点，成为循环经济发展的指导性原则。

3.2.3 循环经济价值增值原理

循环经济产业价值链是一个价值发现过程，它一方面通过节约资源投入而降低生产成本，另一方面通过对废弃物的资源化和循环再利用而增加收益，因此说，循环经济发展的过程伴随着价值的增值，这是循环经济发展的内在动力。根据朱立志（2015）的观点，循环经济的核心是经济系统内的物质单元经过多次生产过程可以实现价值增值，下面通过数学方法来证明这一观点。

假设投入系统中的原始资源价值为e，假定经过每一级生产后，资源被下一级利用的利用率相同，均为$x>0$，并且假设资源被下一级利用的耗损率为0。设y为通过n级循环后的资源量，则y的计算公式为：

$$y = e + ex + ex^2 + \cdots + ex^n = e(1-x^{n+1})/(1-x)$$

由于利用率x的值始终为正，因此循环后的资源价值量y总是大于初始的资源价值e，这部分增加的价值附着在产品上走出循环系统，而被人们使用。可见通过物质单元在农业系统内的循环利用，不仅可以带来价值增值，而且减少废弃物的排放（章政等，2006）。当经济体内的生产结构越丰富，物质循环越充分，就会有更多的价值附着在产品上走出经济系统，而不是产生大量的废弃物排入环境中（朱立志，2017）。这也证明了循环经济是一个价值发现的过程，资源的多次循环、多重利用，能够产生更大的价值。

循环经济的保障是用价值链条拉动系统内的物质单元以建立畅通的循环通道（朱立志，2017）。假设参与到经济系统内的各个单位都是理性的经济人，例如，种植企业和养殖企业，它们之间由于天然的生态链耦合关系，能够建立循环，这是循环的自然技术前提，但是，除此之外，更为重要的是要建立它们之间的循环链条，必须有来源于经济利益的刺激，这种利益刺激的背后是价值的分配，只有当各主体认为涉及的价值分配合理的时候他们才有动力去参与到循环过程当中。

循环经济提出的"资源—产品—再生资源"的闭环型物质流动模式，以及"3R"原则为生态循环农业提供了具体的发展思路，按照这一思路本书构建了基于参与主体的生态循环农业模式。循环经济价值增值原理从理论分析和数理论证角度为生态循环农业的高效益做了科学解释，循环经济持续运行的保障是循环背后的利益分配，这一原理提示在推行生态循环农业模式时，除要关注模式本身在技术方面、自然条件等方面的可行性外，还要考虑各个参与者的利益分配关系，如果利益分配不均衡，那么循环将由于参与主体丧失积极性而无法进行。因此，本书在构建生态循环农业模式的基础上，进一步对保障模式运行的利益联结进行分析，探讨各参与主体合作参与循环的条件，由于利益联结分析还不能够全面透彻地分析循环经济的内在动力和驱动过程，本书对模式的动力机制进行了创新性的探讨。

3.3 外部性理论

1890年马歇尔在《经济学原理》中首先提到"外部经济"这一概念。1920年庇古出版了著作《福利经济学》，应用边际分析方法从福利经济学的角度对外部性进行了系统研究。他指出，边际私人净产值是指个别企业在生产中追加一个单位生产要素所获得的产值，边际社会净产值是指从全社会来看在生产中追加一个单位生产要素所增加的产值。庇古认为，边际私人净产值与边际社会净产值之间存在下列关系：如果在边际私人净产值之外，其他人还得到利益，那么，边际社会净产值就大于边际私人净产值；反之，如果其他人受到损失，那么，边际社会净产值就小于边际私人净产值。对此，庇古提出了两个概念，边际社会收益和边际社会成本。边际社会收益是指某种生产活动给社会带来的有利影响；边际社会成本是指生产者的某种生产活动给社会带来的不利影响。从本质上来说，外部性是边际私人收益与边际社会收益、边际私人成本与边际社会成本相背离的情况，这种背离是市场失灵的一种表现，无法依靠市场的自由竞争达到帕累托最优。为了解决这种外部性，庇古认为，可以通过征税和补贴的方式实现外部效应的内部化。具体来说，当企业的活动存在外部不经济效应时，向企业征税，使边际私人成本等于边际社会成本；当企业的活动带来外部经济效应时，对企业予以补贴，使边际私人收益等于边际社会收益。这种政策建议后来被称为"庇古税"。

农业生产是一种带有较强外部性特征的经济活动，根据外部性及其解决措施"庇古税"的基本原理，当某项农业生产活动给社会带来正的外部性时，政府应当对经营者予以补贴、奖励；当其产生负的外部效应时，政府将对经营者进行惩罚，以弥补其带来的社会成本。生态循环农业作为一种新型的农业发展方式，它的推广、普及需要政府的支持和引导，政府在其中扮演支持者和引导者的角色，同时政府作为一个拥有特殊公权力的参与主体，它可以利用"庇古税"的方式对农业的外部性予以矫正。外部性理论及其矫正方法为本研究中模式利益联结和模式动力机制的部分分析内容提供理论依据。

3.4 物质流分析原理

物质流分析（substance flow analysis，SFA）是运用系统思想对经济系统使用的物质输入和输出量进行评估和优化管理的一种分析方法，描述了人类从自然界获取能源、资源，继而进行生产和消费活动，并产生出各种形式的废弃物，以及废弃物的再使用和再循环利用过程中的实物流量和流向。它是以质量守恒定律为原则，对社会经济活动中物质输入、输出、储存货及物质流动路径进行分析的一种系统工具。通过这种工具，我们可以对资源与能源消耗、经济增长与环境污染的变化关系等进行分析评价，因而物质流分析是循环经济的重要技术支撑，也是发展循环经济、实现可持续发展的核心调控手段。

物质流分析方法在不同层次水平上有不同的研究工具和手段，其应用的范围可以包含不同实体水平、不同的区域范围和特定关注元素的整个流程。分析领域既可以包括整个社会经济领域的物质流账户构建，也可以局限在企业或者特定产品的生命周期的分析考察。

元素流分析和周期评价是物质流分析常用的两种方法。元素流分析是对预先设定的某一系统，针对其中关心的一种或者几种元素，通过考察元素在系统中的整个流动情况及其存在状态，进而分析其价值变化，来研究相关的经济和社会问题。生命周期评价方法，是关心某个产品"从产生到消亡"的整个过程。针对关心的产品或物质，不仅包括采集原料、生产加工、维修处置等环节，也包括运输等流通过程，还包括报废或处置等过程，这个过程构成了一个完整的产品生命周期。该方法可以通过定量的手段，以闭环的思路考察产品或物质的过程，在确保其满足物质守恒的前提下，分析评估其经济价值变化。

本书在研究动力机制的时候，为了更精确细致地描述生态循环农业链条中每个节点的效益情况，采取元素流分析的方法来考察某种元素在循环系统中的不同状态及价值变化，进而分析链条节点循环前后的效益变化，为动力机制的确定提供支撑。同时，在产品环节，会用生命周期评价方法考察循环链条中某种产品从产生到被消纳的过程，通过分析整个生命周期物质利用情况，评价其在不同循环链条节点的价值情况。

3.5 农户行为理论

农户行为是指在特定的社会经济环境中，农户为了实现自身的经济利益或者某种目标而对外部刺激做出的反应。农户是具有特殊经济利益目标追求的行为主体，他会在一定条件下采取一切可能的行动措施追求其预期目标（宋洪远，1994）。学术界关于农户行为理论主要有3类，分别是形式小农学派、实体小农学派和历史学派。

形式小农学派以美国经济学家西奥多·舒尔茨（Theodore W. Schultz）为代表，其代表作为《改造传统农业》。舒尔茨认为传统农民在进行生产经营决策时"首先是一个企业家，一个商人"（舒尔茨，2003）会遵循市场经济理性原则，以实现生产要素的有效配置，达到帕累托最优，因此认为农民是典型的"理性小农"。舒尔茨的"理性小农"是游离于农村传统制度和社区组织之外在市场经济下追逐私利的抽象个体，他研究小农行为的出发点是个人主义，自由市场理论是该假说的前提，舒尔茨忽视了普遍存在于乡村社会中的社会保障缺失、贫困、不平等等问题，忽视了农业经济发展还受到农民个体差异、社会转变和政府行为的影响（艾利思，2006）。1979年，波普金（S. Popkin）在《理性小农》中在舒尔茨等人的研究基础之上，提出理论假设：小农是追求自身或者其家庭利益最大化的理性个体，他的行为受个人利益驱使而不受群体利益或道义价值观驱使，小农为满足个人利益，甚至不惜牺牲集体福利，农民集体行动是不可能的。

以舒尔茨和波普金为代表的形式小农学派将小农从特定的社会环境和政治体系中抽离出来，认为他们的行为选择只会考虑个人或家庭经济利益最大化，赋予了传统农民经济理性的属性。因此，以此为理论依据，要促使农民参与某个活动，实施某种行为，调动农民的积极性必须且只能通过经济刺激来驱使。

实体小农学派对形式小农学派的理性小农的观点进行了批判，认为农民的经济行为不仅受到经济利益的驱使，还受到许多因素的影响，如生存理性、伦理道义、制度规范、社会文化，而且农民更加关注生存安全、道义伦理、风险规避等方面，在农民决策时这些因素的影响远远超过营利动机。农民从事农业生产的主要目的是满足家庭自足和生计需求。该学派以恰亚耶夫（A. V. Chayanov）、汤普森和斯科特的观点最具代表性。恰亚耶夫是实体小农学派最重要的奠基者和开创者，其代表作是《农民经济组织》，他反对将农民视为理性经济人和将农户家庭视为追求利益最大化的理性经济组织的观点，认为农民及其家庭生产的主要目的是满足家庭成员的基本需求，而非追求利润最大化。汤普森和斯科特是道义小农学派的代表，他们认为农民的经济行为受理性逻辑驱动，农民为了捍卫集体的权利，会不计得失为集体做贡献。实体小农论者看到了农民的行为不仅受到个体理性的驱动，同时受社会环境、道德情感、文化价值以及制度规范的制约，是在特定环境下多种因素影响下发生的行为。

历史学派的代表人物是黄宗智，他对中国20世纪30—70年代的小农经济进行深入的调查研究，在此基础上，提出了分析中国小农动机和行为的独特见解。他认为中国的小农在生产经营决策中，既不是完全的恰亚耶夫式的生计生产者，也不完全是舒尔茨分析的利润最大化追逐者，要分析中国的小农动机和行为，必须将生产者行为的利润最大化理论和消费者行为的效用最大化理论结合起来。

形式小农学派、实体小农学派和历史学派的农户行为理论为分析农户动机和行为提供了不同的视角和主张，其理论观点对我们研究农户行为具有一定的借鉴意义，但是由于其研究的特定对象所处环境和时代的不同也具有一定的历史局限性。中国农户是一个特殊的社会群体，他们既是农产品的生产者，也是农产品的消费者，在商品性生产和自给性生产共存的条件下，农户在进行生产决策时除了要考虑市场需求，还要考虑自身的消费需求，这种特殊性会影响农户的行为。同时，我国正处于一个农村经济快速发展、农业生产方式转型、农民思想意识越来越先进、开放的历史时期，农户的行为表现出多元化、复杂性的特征。例如，农户的性别、年龄、受教育程度、对食品安全的认知等个人特征和农业收入、劳动力数、是否兼业等家庭特征都可能影响到他对生态循环农业的态度，进而影响到其生产决策行为。农户的行为还容易受到周围环境和政府政策等诸多因素的影响，因此，本书在研究农户的意愿和行为时，以农户行为理论为基础，参考前人的研究成果，并考虑实际调研情况，对农户行为及其影响因素进行分析。

3.6　本章小结

本章从研究的整体需求出发，对本书涉及的主要理论进行阐述，包括生态经济与生态产业理论、循环经济理论、外部性理论、循环链条物质流分析原理和农户行为理论，在理论阐述的基础上，结合所研究的问题做了进一步分析。本书以生态循环农业模式为中心内容展开研究，构建的模式首先要遵循生态经济、循环经济的基本原则和要求，尤其是生态产业理论关于企业横向共生、物质循环纵向闭合、区域联合的观点为生态循环农业模式的构建提供了理论支撑。循环经济理论关于循环背后主体利益关系的分析为探讨生态循环农业模式的利益联结提供了启示和依据。农业生产活动具有较强的外部性，政府作为一个拥有公权力的特殊参与主体，除了对生态循环农业进行宣传、支持、引导之外，还有能力对农业生产的外部性加以矫正。因此，在生态循环农业模式利益联结的分析中，政府的行为和举措对维持模式的稳定运行具有举足轻重的作用。循环链条物质流分析原理为动力机制物质流分析提供了一个有效的工具，根据这一方法，可以有效地识别模式运行的动力源、动力主体、作用机理和作用方式等，为推动模式的高效运行提供分析工具。最后，农户是我国最广大的农业经营主体，是我国生态循环农业发展的基本主体，本书以农户行为理论为依据，考虑我国农户的特殊性及调研地区的实际状况，探讨农户参与生态循环农业的意愿和行为，并找出主要影响因素及治理措施。

4 生态循环农业模式构建——基于参与主体的视角

生态循环农业是一种集经济效益、社会效益与生态效益于一体的高效农业，是一种新型的农业发展方式，其有效的发展模式的构建无论是在理论研究还是实践推广中，都是焦点。合理发展模式的选择也是解决我国目前农业发展困境的突破口，它不仅关系到生态循环农业的推广、应用及实际发展路径的选择，而且关系到生态循环农业生产效率的持续提升。因此，本章在对现有模式研究成果进行梳理的基础上，结合高效生态循环农业发展的特质，探究更具普遍性、更能有效推动生态循环农业发展的模式，并针对实际案例分析其效益情况。

4.1 构建基于参与主体模式的意义

我国幅员辽阔，地域宽广，各地出现了丰富多彩的生态循环农业模式。2004年，农业部科技司在全国范围内就征集到的370种生态农业模式和技术体系，最后遴选出十大类型生态农业模式和技术向全国范围内推广。在理论研究方面，生态循环农业的模式研究也一直是学者们关注的焦点，取得了非常丰富的研究成果。通过对文献的梳理发现，基本都是根据地域特征、资源环境、技术特点、社会经济发展状况等提出的模式，主要关注生产过程中物质和能量的循环流动，侧重模式的自然和技术特性。应该说，许多模式都经过了实践的检验和理论的验证，具有技术上的可行性和经济上的有利性。但是在实际中，其发展和推广却非常有限，导致我国的生态循环农业发展至今仍然处于小范围、低效运行的状态。针对这一问题，有必要进行深入思索：是什么限制了生态循环农业模式在全国范围的推广和普及。

分析既有的研究模式，从技术的角度来看，都做到了物质流和能量流在系统内的畅通循环，但是就生态循环农业的发展而言，确保物质流、能量流的循环只是一个必要条件，即便这一条件得到满足，在实际中也不一定能够得到广泛推广和应用，如北方以沼气为纽带的四位一体的循环模式，虽然技术可行，但是其推广却很有限。进一步思考，任何模式的实践应用终将落实到参与主体身上，需要靠参与主体来推动执行，如果离开参与主体的配合和执行，任何模式都毫无用武之地。从这一角度分析，本书认为目前尽管我国出现了许多技术可行的生态循环农业模式，但是其推广有限，主要原因是参与主体的配合和执行力度较弱，尤其是缺乏一个具有优势力量的参与主体的配合和带动。因此，在我国现阶段推动生态循环农业在更大范围内的推广和普及是当务之急，如果能够抓住生态循环农业高效发展的核心要求，构建基于参与主体的具有强大带动作用的发展模式，将更有意义。

4.2 生态循环农业参与主体识别及作用

生态循环农业的参与主体主要包括农户、农业企业、政府及社会公众（包括消费者及其他非政府组织）（陈诗波，2008；魏百刚等，2009；翟绪军，2011）。结合生态循环农业发展要求的特质，理顺各参与主体与生态循环农业发展之间的关系，是构建基于参与主体模式的基础。

4.2.1 农户是生态循环农业的基本参与主体

农户是我国农村社会和农业发展最广泛和最基础的力量，是发展生态循环农业的基本参与者。但是普通农户由于自身条件的限制，如年龄、受教育水平、管理能力、技术水平、土地规模及社会经济等因素，不能成为生态循环农业这一新鲜事物的引领者和带动者，只能在政府政策的引导下和其他组织的示范带动下成为生态循环农业的追随者。实地调研中，通过和农户的访谈了解到，农户发展生态循环农业存在动力不足的问题，缺乏主动性和积极性，主要原因是发展生态循环农业的经济利益效果不明显。如某蔬菜种植户，种植的20亩豇豆、辣椒、番茄全部施用沼液、沼渣，不使用任何化肥和农药，尽管其蔬菜品质优良，在市场上非常畅销，但是价格却与普通农产品并无差异，质优价不优的现实情况使得农户单独生产健康安全的产品得不到应有回报，这在很大程度上打击了农户的积极性。要改变这一现状,需要建立完善的农产品信息服务(追溯)平台,形成从田间地头到餐桌的一条龙管理体系,而这些配套设施和服务体系的建设需要花费大量的时间和资金,在短期内较难全部实现。因此,在生态循环农业的发展过程中,尤其是初级发展阶段,农户还不能作为生态循环农业发展的坚强带动力量。

4.2.2 政府是生态循环农业发展的引导者和促进者

政府被认为是宏观经济活动的主体,因其不但掌握较大规模的资产,还能以社会利益为目标,在法律法规权限内自主决策,对经济进行宏观调控,政府行为目标与农户和企业行为的经济利益最大化目标不同,它代表的是整个社会的利益。农业的发展离不开政府的支持和引导,生态循环农业作为一种新型的农业生产方式,更需要依靠政府的力量将其引入正轨。由于生态循环农业的公共物品和较强的正外部性的特征会导致市场失灵,从而影响到农户和企业的行为决策。政府有责任、有能力通过政策设计和制度安排将"外溢"的经济、社会、生态效益内部化,促进生态循环农业的发展。因此,作为生态循环农业发展的倡导者和促进者,需要政府通过设计有效的制度改变农户和企业的生产经营行为,引导生态循环农业的健康发展。根据新制度经济学的观点,制度分为正式制度和非正式制度两类。正式制度是指一些成文的规定,主要包括国家的法律、法规、政策、规章、契约等,非正式制度是指约定俗成的风俗习惯、价值信念、伦理规范和意识形态等。这两类制度相辅相成,共同促进经济的发展。在正式制度方面,政府主要以促进生态循环农业的发展为目标构建一系列相互配套、切实有效的法律法规和政策体系。通过设计政策、法律、法规等形成有效的激励制度,如对生态循环农业的科技研发和前期投入盈利微弱或亏损的经营进行扶持,使其他参与主体(农户和企业)在利益导向下自觉介入;对危害生态环境的行为进行惩罚,以抑制其行为。在非正式制度方面,通过宣传、教育、培训及示范等方式培养参与主体的生态意识、循环经济意识,促进其逐渐形成自觉的经营生态循环农业的意愿和行为。但是政府也不必过多、过度地干预农业生产经营活动,否则会扰乱市场秩序,导致市场失灵。

4.2.3 社会公众是生态循环农业发展的监督者和中介者

社会公众包括消费者和非政府组织,消费者是生态循环农业产品和服务的最终使用者，非政府组织主要是指其他关注资源环境和生态问题的社会团体。根据传统微观经济理论和市场营销相关理论，消费者对产品的需求直接影响到生产者的供给。改革开放40年来，社会经济发展水平和消费者的需求层次都对绿色优质健康农产品的要求达到了一个前所未有的高度。近年来的农业供给侧结构性改革就是对这一问题的深入思考并对农业供给结构的调整提出了一系列改革要求。2017年《关于推进农业供给侧结构性改革的实施意见》指出：要把增加绿色优质农产品供给放在突出位置，把提高农业供给体系质量和效率作为主攻方向，使农业供需关系在更高水平上实现新的平衡。消费者出于自身利益的考虑对生态循环农业产品和服务有较强的需求欲望，这间接地会对其供给者农户和企业产生一定的激励作用。同时，作为产品和服务的最终消费者有权利和义务对生态循环农业的生产经营过程进行监督，以保障其消费产品的质量。因此说，消费者通过市场需求和价值交换，对生态循环农业发展起到监督和中介的作用。非政府组织根据其成立背景一般分为两类，一类是自发的民间组织，另一类是在政府支持下成立的社会团体，他们都以推动生态循环农业发展为己任，积极支持政府的政策和措施，依靠自己的影响力去提升其他参与主体对生态循环农业的认识度和支持度。因此说，社会公众是生态循环农业发展的监督者和中介者，他们并不直接参与生态循环农业的生产经营活动。

4.2.4 农业企业是生态循环农业发展的核心参与主体

本书把农业龙头企业、农民专业合作组织、农业园区、家庭农场以及种养大户等新型农业经营主体均列入农业企业的范畴。之所以把农业企业界定为发展生态循环农业的核心参与主体，主要是因为生态循环农业高效发展的一些内在要求，唯有农业企业可以实现并满足，也就是说农业企业具有其他参与主体所不具备的带动生态循环农业发展的鲜明优势。

首先，规模性是生态循环农业综合效益得以发挥的前提。李文华（1994）指出，从生态的观点出发，只有在一定大的区域范围内，其生态系统才能发挥出稳定的功能和效益。朱立志（2014）的相关研究表明，规模性是高效生态农业的前提，规模性可以保障农业生态系统各子系统间的高效物质循环和能量转换，而高效物质循环和能量转换是生态循环农业持续运行的保障。张予等（2015）也指出，我国长期以来的生态农业建设是以家庭分散化经营为主，生态农业难以充分实现循环与高效发展。此外，现代高效生态循环农业较之于常规农业具有更强的正外部性,这对产业聚集、生产规模提出了更高要求。在生态循环农业的各类参与主体中,农户是典型的家庭式小规模经营,其发展缺乏整体规划,难以规模化生产,限制了生态循环农业综合效益的发挥;政府作为生态循环农业发展的促进者和协调者,作用突出,但是根据市场经济原则及其政府职能定位,政府并不直接参与农业生产经营活动;社会公众是生态循环农业发展的监督者和中介者,并不直接参与生产经营活动。唯有农业企业是规模化经营的代表,不管是农业龙头企业、农民专业合作组织、农业园区、家庭农场还是种养殖大户,他们的一个共同特征是其生产经营活动在一定规模上进行,这也是他们区别于农户家庭经营的重要特点。农业企业的规模化经营有利于实现农业生态系统间物质循环和能量转换,保障了生态循环农业综合效益的发挥。

其次,现代农业科学技术是生态循环农业的核心支撑。我国目前正面临着保障农产品有效供给和保护生态资源环境的双重压力,破解这一难题只能依靠科技,现代生态循环农业的发展更离不开各项农业科技支撑。在生态循环农业的参与主体中,企业相对于其他主体拥有较强的资金、人才、科技实力,而且企业有能力掌握最新农业科技,有实力运用现代农业科学技术,进而推动生态循环农业的发展。

再次,企业能够提高农民组织化程度,带动农民发展生态循环农业。通过农业企业+农户的组织模式可以有效提高农民的组织化程度,有利于促进农户转变农业经营方式。与单独农户相比,各类农业企业通过建立基地、拓展营销渠道、打造品牌等方式,提高产品售价,改变单独农户生产"优质不优价"的困境,调动农户发展生态循环农业的动力。而且,农业企业带动农户的方式,有利于提高农户的生态环境意识、道德责任意识和团队合作意识,有利于促进产业链延伸和更大范围的合作。

最后,农业企业具备有利于发展生态循环农业的其他优势。例如,农业企业具有强烈的市场竞争意识及敏锐的信息捕捉和判断能力、管理科学规范、资金技术实力雄厚,而且具备较强的政策理解力及执行力,这些特征使企业有能力、有实力带动生态循环农业快速、高效、规范化发展。

综上,本书认为在生态循环农业的参与主体中,农业企业是能够带动生态循环农业发展的优势力量,故而将其界定为发展生态循环农业的核心参与主体。此外,自从2012年党的十八大提出培育新型农业经营主体以来,新型农业经营主体成为农业理论研究与实践领域的一个热门话题,2013—2018年连续

6年的中央一号文件都明确提出要扶持新型农业经营主体发展和壮大，各类新型农业经营主体在政府的扶持和鼓励下，其数量和发展质量都得到了突破性进展。逐渐发展壮大起来的新型农业经营主体有实力成为带动生态循环农业发展的核心力量。

生态循环农业的发展需要农户、农业企业、政府及社会公众4类参与主体的积极参与和推动（图4-1），但是经过上述分析发现，各个参与主体由于其自身的特点导致他们对发展生态循环农业的作用和影响力并不相同。农户是生态循环农业的基本参与主体，但是目前还不具备带动生态循环农业发展的强大力量，是生态循环农业发展的追随者和仿效者。政府是生态循环农业发展的促进者和引导者，但是作为一个具有公权力的宏观主体，不能过度干预生产经营活动。社会公众是生态循环农业发展的监督者和中介者，他们也并不直接参与生态循环农业的生产经营活动。因此，要构建基于参与主体的具有强大带动力的生态循环农业模式，这一参与主体最终将落到农业企业身上。因此，本书的研究基于农业企业的优势与生态循环农业发展的内在要求相契合的特征，构建以农业企业为核心力量带动生态循环农业发展的模式。

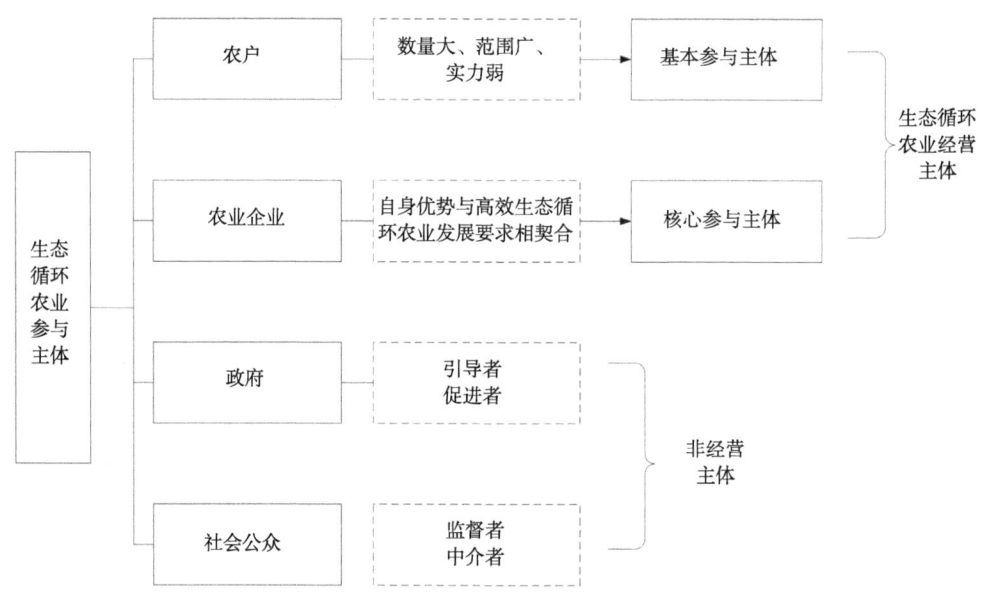

图4-1　生态循环农业参与主体及其作用

4.3 模式构建的实践来源——实际调研概况

结合本书的研究内容,笔者开展了相关的实地调研活动,本节对调研的组织实施及生态循环农业模式调研内容进行详细说明,为后续研究奠定基础。

4.3.1 调研地区选取

调研地区的选择要有代表性,本书选择河南漯河作为调研地区,主要是基于以下3个原因。

首先,河南省是全国农业大省,农业的健康持续发展事关河南社会安定及经济发展大局,对国家的粮食安全战略也具有重大意义。河南位于我国中东部、黄河中下游,大部分地区处于暖温带,具有四季分明、雨热同期的特点。充足的光、热、水资源和肥沃的土地,为河南农业发展奠定了良好的基础。据国家统计局公布数据,以种植业情况为例,2011—2017年在全国31个地区(未含香港、澳门、台湾)中河南粮食总产量和播种总面积一直位居全国第二,仅次于黑龙江,图4-2显示了2011—2019年河南省的粮食总产量。因此,选择全国农业大省之一的河南作为调研地区具有重要意义。

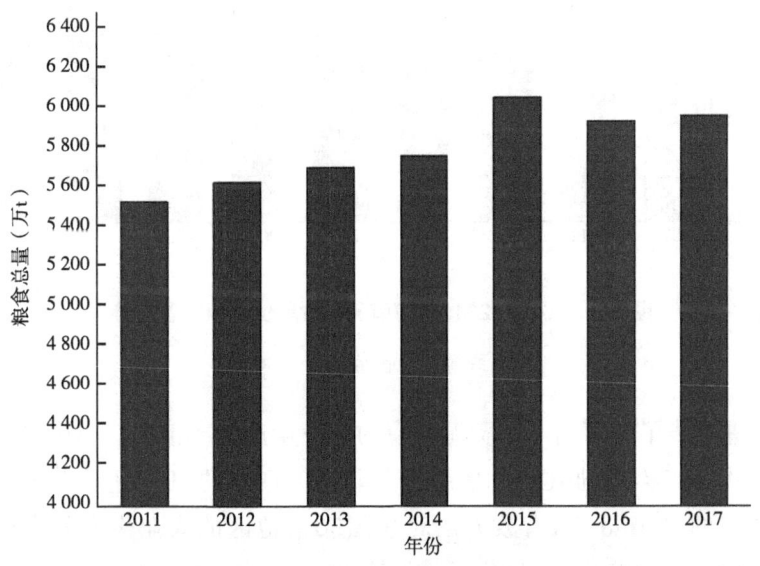

图4-2 2011—2019年河南省粮食总产量示意

(数据来源:中国农村统计年鉴)

其次,河南农业生态资源环境问题在全国具有普遍性和代表性,改变农业发展方式迫不及待。

河南省是内陆农业大省,多年来的农业粗放经营导致了河南大面积农田生态系统恶化、环境污染、食品质量问题,加之河南人口众多、土地资源有限、水资源短缺等制约,传统的农业生产经营方式难以为继。图4-3显示了2011—2019年河南省粮食单位面积产量趋势,将其与其他省市统计数据相比,可以发现河南粮食单位面积产量在2011—2019年徘徊在第9名至第12名,尽管这一指标在全国尚居于中上水平,但是与其粮食总产量和播种总面积排名第二的状况依然形成强烈反差,说明河南农业生产效率水平较低,高产量主要依靠高投入、高消耗的支撑。

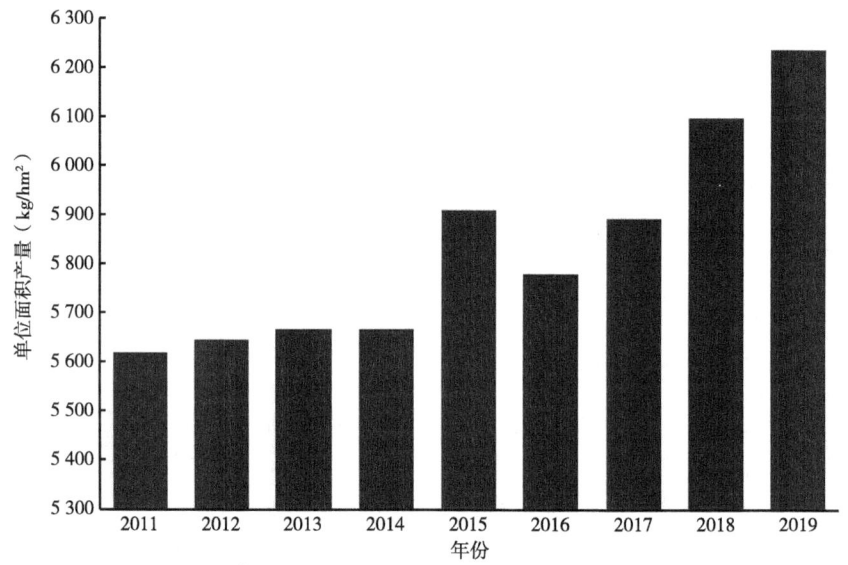

图4-3 2011—2019年河南省粮食单位面积产量趋势

(数据来源:中国农村统计年鉴)

为了进一步了解河南考虑资源环境的农业生产效率情况,吕娜等(2018)利用各省统计年鉴基础数据,采用包含非期望产出的SBM超效率模型和纳入非期望产出的Malmquist指数方法对我国30个地区的农业生产效率进行了测算,图4-4显示了2011—2015年各省区市的农业环境技术效率。农业环境技术效率是在农业技术效率的基础上发展起来的一个概念,它是考虑了资源环境代价的真实农业技术效率。

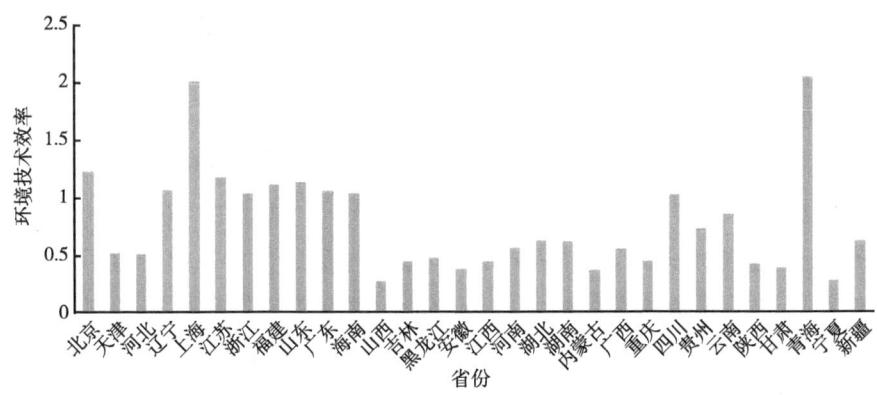

图4-4 2011—2015年各省区市年均环境技术效率值

图4-4显示，河南省农业环境技术效率仅为0.565，在全国排名第17，说明河南农业发展仍然处于粗放经营的状态，更多地依靠资源的投入和对环境的破坏来拉动生产，资源、环境与农业发展处于严重失衡状态，河南转变农业生产方式，加快发展生态循环农业尤为迫切。

最后，河南以循环经济、生态经济的思路发展农业已在部分地区有所实践，尤其是漯河市的生态循环农业发展在河南处于领先水平，能够提供有益经验。王亚伟等（2010）的研究表明1990—2008年河南农业循环经济整体水平逐年提升，年均增长率为3.84%，2008年河南循环经济综合评价指数是1990年评价指数的1.73倍。漯河市是河南省省辖市，位于河南省中南部，华北平原西南边缘地带，西部为伏牛山，东部为平原，处于暖温带的南部边缘地区，属于温暖过渡型季风气候区。优越的地理位置和气候条件，为漯河的农业生产提供了先天的优势，漯河的农业发展水平在河南省位列前茅。据测算，纳入生态效益指标的漯河市2015年农业生产综合效率值在全省18个地区中位列第四。漯河现辖3个区2个县，分别是源汇区、郾城区、召陵区、舞阳县、临颍县。在当地政府的引导之下，以沼气工程为纽带的生态循环农业取得了较为显著的效果。

因此，选取生态循环农业发展具有一定基础的漯河作为调研地点，其现有经验和做法对其他地区具有指导意义，从该地获取的信息对于我们的研究将更有价值。

4.3.2 生态循环农业模式调研

为了解漯河地区生态循环农业的发展模式，选择舞阳县和临颍县作为重点调研地区。舞阳县和临颍县均是以养猪为主的传统畜牧养殖大县，畜牧业产值在农业总产值中所占比例约为50%。舞阳县10 000头以上的养殖场有12个，5 000~10 000头的养殖场共有14个，规模在3 000~5 000头的养殖场共有32个，规模在3 000头以下的养殖场有近1 000个；临颍县规模在10 000头以上的养殖场共11个，规模在5 000~10 000头的有10个，规模在3 000~5 000头的养殖场有23个，3 000头以下的共有48个。根据国家《畜禽规模养殖污染防治条例》规定，规模养殖场必须建设污染防治配套设施，以解决畜禽粪便污染问题。为此，舞阳县和临颍县的养殖场基本均采用了建设沼气工程消纳粪污的方法，按照"以养定种"的思路，走出了一条企业带动的"养殖业→畜禽粪污→沼气工程→沼气、沼液、沼渣→种植业→秸秆等废弃物→养殖业"的生态循环之路。养殖业和种植业基于生态产业链形成了持续的良性循环。因此，选择生态循环农业发展基础较好的舞阳县和临颍县进行调研，重点了解其发展模式的具体情况。

选择农业企业作为调研对象的主要原因是，当地各类农业企业对生态循环农业的践行力度较大，效果也更加显著。调研对象包括舞阳县天农源实业有限公司、漯河万豪牧业有限责任公司、漯河金河湾养殖专业合作社、舞阳县遍地金种植专业合作社生态循环农业示范区、舞阳县丰盛养猪场暨新能源沼气供应站、舞阳县农技推广站农业园（漯河市重点蔬菜示范园区）、临颍县灏丰莲蓬采摘园和老兵农业园、河南省龙云集团有限公司、北徐集团、临颍县辉煌沼气服务站和临颍县生态循环农业示范区11个典型农业企业、园区、合作社、种养殖基地。调研的内容主要包括：养殖场的规模、种植规模、粪污处理措施、产品品质、销售渠道、经营效益、政府补贴等。通过调研较为全面地了解了当地生态循环农业的基本模式及利益关系。调研信息和数据主要通过现场考察、访谈和座谈等方式获取。

调研发现各类农业企业在带动生态循环农业发展方面发挥着重要作用，他们既是生态循环农业的积极践行者，也是成功示范者。与之相反，农户的生态循环行为基本是在农业企业的辐射带动下进行，农户的参与行为具有一定的被动性。例如，农户如果可以用到附近企业提供的廉价或者免费的沼液沼渣有机肥，他们就会施用有机肥；如果不能，他们还是倾向于施用化肥。因此，拓展以企业为主体的生态循环农业之路，并不断将广大农户带入其中，将是一个行之有效的生态循环农业推进方法。尽管各个企业关于生态循环农业发展的路径基本一致，但是在实践操作过程中由于企业的规模、经济实力、经营理念不同，出现了不同的组织模式，如既有在企业内部实现循环的模式，也有在两个及以上企业间合作的循环模式，还有区域层面的循环模式，本书将以实际案例为基础，结合相关理论探讨生态循环农业模式及与之相关的效益、利益联结等问题。

4.4 基于参与主体的生态循环农业模式

为了解生态循环农业发展模式，笔者课题组对漯河地区的11个典型农业企业、园区、合作社、种养殖基地进行了深入调研。尽管各个农业企业进行生态循环的思路基本一致，均是"养殖业→畜禽粪污→沼气工程→沼气、沼液、沼渣→种植业→秸秆等废弃物→养殖业"的循环路径，但是在实践操作过程中由于企业的规模、经济实力、经营理念不同，出现了不同的合作模式，本书对其进行归纳、提升，构建了基于经营主体的生态循环农业模式，分别是企业内部自循环、企业间的链条循环和区域内大循环。进一步地，选取相应的案例对每一种模式的经济效益、社会效益和生态效益进行测算分析。需要说明的是，此处只做循环形成后与循环前的静态效益对比分析，即在效益分析部分，只计算循环后比循环前增加的收益，并不考虑成本的变化。

4.4.1 企业内部自循环生态循环农业模式

4.4.1.1 模式构建及特点

企业内部自循环模式是在一个企业内部，围绕主导产品的生产经营进行相关联生产活动，资源在企业的不同环节间顺畅流动，形成企业内部的循环链条，既充分利用资源、节约成本，又达到减少废弃物排放、保护生态环境的目的。企业内自循环实现的前提是企业内部经营业态之间具有协调的生态产业链关系，一种业态的废弃物可以为另一种业态所利用。例如，某农业企业根据养殖业规模确定其种植业的规模，使得种植业通过肥料需求能够消化养殖业产生的粪污量，种植业所产生的秸秆等废弃物又可转换成养殖业的饲料、作物的肥料和食用菌的基料。这种方式将种养殖的负外部性问题内部化，实现了循环经济的减量化、再利用和资源化要求。河南漯河农业企业"以养定种"的思路即是这种模式的简要概括。图4-5显示了养种结合的单个企业内部自循环的基本模式。

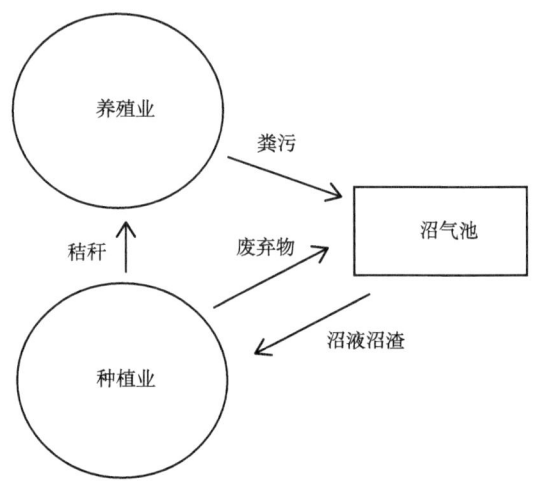

图4-5　企业内部自循环模式示意

在调研的农业企业中，漯河万豪牧业有限责任公司是典型代表。公司目前年出栏猪2万头，存栏1.5万头。为解决养殖场的粪污问题，公司建成了沼气工程，同时根据排污需求流转500亩土地进行种植，以沼气池为纽带，将养殖的粪污转换成种植业的有机肥，充分满足了企业内部种植业的肥料需求，节约了种植成本，而且提高了农产品品质。这种方式使种养殖的废弃物在企业内部实现了资源再利用，带来了显著的经济效益和生态效益。

企业内部自循环把企业作为一个循环系统，通过自身的组织管理实现资源的循环利用，在企业本身具有较协调的生态链基础时，如企业内养殖与种植相匹配时，比较容易实现。但是，当企业内部多种业态间生态链不协调或者规模不匹配时，如养殖业与种植业间的规模互相不匹配时，很难达到资源在单个企业内充分循环利用的状态。也就是说，在企业内部循环经营模式下，为了使资源得到充分利用，各业态的规模受到相互间资源供需平衡的约束，一旦某种业态的经营规模进行调整，相关联业态规模也需随之改变，不利于企业灵活经营。为解决这些问题，企业可以选择与其他相关企业合作，通过建立企业间链条循环实现资源高效循环利用。

4.4.1.2　模式效益分析

为了解企业内部自循环模式的效益，现以漯河万豪牧业有限责任公司2016年的生产经营情况为例，对经济效益、社会效益和生态效益分别进行测算。

万豪牧业有限责任公司于2003年建成大型养猪场,每年存栏1.5万头,出栏2万头。为解决养殖粪污处理问题,配建了1 200m³的发酵池和发酵罐,日产沼气2 100m³。根据"以养定种"的思路,公司流转500亩耕地种植瓜果蔬菜,其中,100亩种植甜瓜、400亩种植蔬菜。沼气池生产的沼气主要作为燃料提供给企业内部以及附近居民用于照明、做饭,沼肥(沼液、沼渣)主要用于公司瓜果蔬菜的种植肥料,多余的沼液、沼渣免费供应其他种植大户。公司的各种瓜果蔬菜施用沼肥,完全不用化肥和农药,长势良好,病虫害明显减少,品质优良,非常畅销。

(1)经济效益。2016年万豪牧业有限责任公司种植100亩甜瓜,每亩平均产量为2 000kg,因施用有机肥,甜瓜品质优良,口感好,深受消费者喜爱,比市场上普通甜瓜的价格高出大约0.6元/kg,按此计算,甜瓜收入比普通种植增加12万元,经济效益显著。种植的蔬菜也是有机绿色食品,很受当地消费者欢迎,但是由于未做有机、绿色产品认证,虽然品质优良,价格却仅比普通蔬菜贵0.1元/kg,按平均亩产1 500kg来计算,此项可增加收入6万元。

本案例中,公司建造沼气设备的主要目的是对养殖粪污进行处理以达到规定的排放标准,而且农作物秸秆不适宜用作猪饲料,因此,公司养猪需要的饲料依然为外购的普通饲料,对于养殖业来说循环前后经济效益没有发生变化,此处不产生经济效益的增值。综合上述分析,通过企业内循环,公司在种植业方面增加的经济效益包括甜瓜增加收益12万元和蔬菜增加收入6万元,共计18万元。

(2)社会效益。漯河万豪牧业有限责任公司目前建有1 200m³的发酵池和发酵罐,日产沼气2 100m³、年产沼气76.65万m³,主要免费供应周边农户做饭和照明,由于农户不需付费即可获取燃料,带来了很好的社会效益。在评估中以煤炭作为基准燃料,测算该部分沼气价值,计算过程采用王秀花(2003)的方法:

$$A=\frac{b\times c}{d\times e}\times f\times g \qquad (式4-1)$$

式中,A为沼气发电余热收益;b为1m³沼气的热值20 934kJ/m³;c为沼气灶热效率60%;d为煤炭的低位发热量20 934kJ/kg;e为燃煤灶平均热效率20%;f为漯河地区2016年煤炭的平均价格0.6元/kg;g为沼气产量。

按照上述方法,可以计算出1m³沼气替代煤炭燃料的收益约为1.8元。按此计算,万豪牧业有限责任公司年产沼气76.65万m³,一年的收益约为137.97万元。

万豪牧业有限责任公司年产沼肥约3 700t。据测算，经过厌氧发酵正常产气半年以后，沼气池产生的沼肥中，主要养分含量有0.8%~2.0%的全氮，0.4%~1.2%的全磷，0.6%~2.0%的全钾，在效益评估中为简化运算，沼肥中的全氮、全磷和全钾含量以1%、0.8%和1.3%来计算，基本上取的是区间的中间值。以此计算可知，3 700t沼肥中，全氮、全磷和全钾养分量分别为37t、29.6t和48.1t，将其折合成化肥，相当于80.2t尿素，121.2t磷酸氢二铵，107.4t硫酸钾。根据2016年的当地化肥市场价格，按照尿素为0.8元/kg，磷酸氢二铵为2.2元/kg，硫酸钾为2元/kg计算，沼肥折合成化肥的总价值为54.56万元。按照2016年的价格计算，一般农户种植小麦和玉米的化肥平均成本为每亩为177元和168元，此处按照每亩化肥成本200元计算，产生的沼肥至少可解决2 728亩农田的化肥施用问题。除去公司自身500亩的施肥需求，至少可以保证2 000亩种植业的有机肥施用需求。此外，农忙时节公司可吸纳当地30多人进种植园务工，为当地部分劳动力提供了临时就业岗位，增加了收入，也在一定程度上培训了农户生态种植的技术，激励了农户参与生态循环农业的积极性。

（3）生态效益。生态效益主要通过减少CO_2气体和COD排放来反映。

①减少CO_2气体排放。根据沼气折合标准煤的系数（0.714kg coal/m^3），1万m^3沼气可折算成标准煤7.14t，公司沼气工程可年产沼气76.65万m^3，则可折算成标煤547.28t。根据1kg标煤可产生29 306kJ热量以及1kg煤炭能产生21 000kJ热量，可以测算出1万m^3沼气可替代煤炭9.97t，则76.65万m^3沼气可替代煤炭764.2t，换算后即可根据煤炭的CO_2排放，估算沼气等效减少的排放量。根据煤的化学成分，可知煤炭充分燃烧后的产物主要是CO_2，当然也包括SO_2等其他产物。为了简便核算，本文主要考虑减排CO_2带来的生态效益。清华大学王革华等（1999）研究提出了煤炭燃烧后排放CO_2数量的估算公式，采用此公式进行估算：

$$C_1=Q_1 \times P_1 \times W \times N \times C \qquad (式4-2)$$

式中，C_1为煤炭CO_2排放量（t）；Q_1为热值0.020 9TJ/t；P_1为碳排放系数24.26t/TJ；W为碳氧化率80%；N为CO_2和碳的分子量之比3.67；C为煤炭的消耗量（t），由此可得C_1=1.487c，因此763.97t煤炭的CO_2排放量为1 137t。

根据王革华等（1999）研究提出的计算公式，同时参考朱立志等（2012）研究中使用的沼气燃烧的CO_2排放量计算方法，采用下述公式计算：

$$C_2=Q_2 \times P_2 \times N \times B \qquad (式4-3)$$

式中，C_2为沼气CO_2排放量（t）；Q_2为热值0.209TJ/万m^3；P_2为沼气碳排放系数15.3t/TJ；N为CO_2和碳的分子量之比3.67；B为沼气消耗量（万m^3），由此可得C_2=11.736B，因此，76.65万m^3沼气的CO_2排放量为899t。

对以上计算结果加以比较，发现沼气的CO_2排放量（899t）比替代的煤炭的CO_2排放量（1 137t）减少238t，可以认为这就是沼气带来的CO_2减排效应。根据清洁发展机制中对温室气体减排的规定的数值，排放1t CO_2需支付10美元，本案例中因为沼气带来的生态效益约为2 380美元，大概折合人民币16 232元。

②减少COD的排放。养殖业产生的畜禽粪污是环境的重要污染源，如果不进行处理直接排放，会带来严重的农业面源污染，造成水体富营养化，破坏生态环境。通过查阅《第一次全国污染源普查畜禽粪便养殖业源产排污系数手册》，可知在河南漯河地区一头猪每天排放的化学需氧量（COD）可以选值为0.358 82kg/天，根据万豪公司2016年的养殖规模（存栏1.5万头猪），可测算出养殖场共排放1 965t COD。公司通过建设沼气工程则可以解决畜禽粪便污染问题，减少对环境污染的压力，实现粪污的资源化再利用。按COD的排污权交易计费的方法，COD的排污收费为700元/t（胡庆年等，2011），则可计算出该养殖场的沼气工程减排废弃物产生的环境效益约为137万元。

通过以上分析计算，万豪牧业有限责任公司通过企业内自循环模式，实现生态效益合计约为138.62万元。

漯河万豪牧业有限责任公司循环后新增效益的详细测算表明，企业内自循环模式有效地缓解了资源环境压力，提升了经济效益，带来了可观的社会效益和生态效益。

4.4.2 企业间链条循环生态循环农业模式

4.4.2.1 模式构建及特点

企业间链条循环模式是两个或多个独立企业之间基于生态产业链形成的一种互惠合作的稳态关系，各企业专业化生产，优势互补，资源通过供给与需求、投入与产出的关系在企业间循环流动，实现资源高效循环利用，价值增值。例如养殖企业、种植企业和加工企业之间的合作，一个企业产生的废弃物能被下一个企业利用，这样既对污染物实现了无害化处理，又对污染物进行了资源化利用，同时有利于种养殖企业实现绿色和有机生产，提升产品品质，实现生态效益、经济效益、社会效益的统一。企业间链条循环通过在相关企业间建立合作关系，疏通了资源在企业间流动的通道，解决了不适合企业内部自循环或者内部自循环不充分的单个企业的资源循环利用问题。图4-6显示了以养殖企业、种植企业以及加工企业为例的企业间链条循环的基本模式。

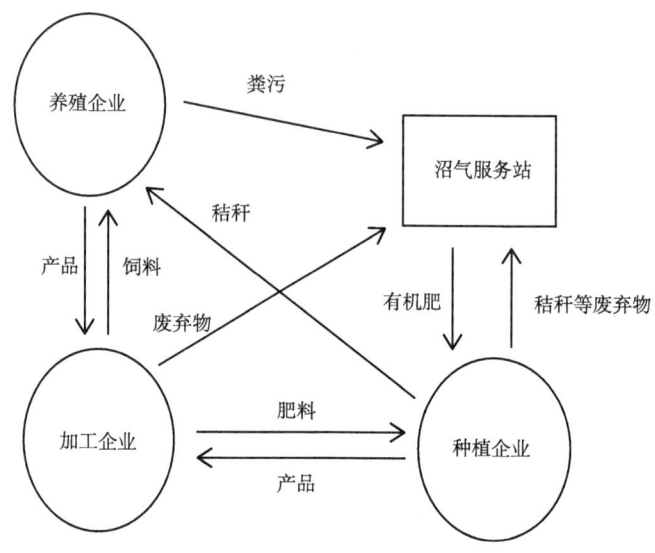

图4-6 企业间链条循环的基本模式

在河南省漯河市调研的农业企业中，舞阳县天农源实业有限公司与沼气托管站和种植大户的合作属于企业间链条循环模式。天农源实业有限公司经营肉牛的养殖和销售，为解决养殖排污问题配建了大型沼气工程。公司和舞阳县振兴沼气区域服务站签订了沼气工程运行全托管服务协议，由振兴沼气区域服务站负责沼气工程的运转，沼气服务站将产生的沼气以及沼液、沼渣有机肥等通过售卖获取收益。对于种植大户来说，购买沼气服务站的有机肥比购买复合肥成本低，而且施加有机肥的农产品质量好、价格高、市场竞争力强。天农源实业有限公司与沼气托管站和种植大户3个企业之间以农业生产废弃物充分利用为核心的链条循环，既解决了养殖场的粪污排放问题，又为养殖场提供有机牧草饲料，使肉牛实现有机养殖。同时，沼气工程为附近农户提供沼气服务，清洁、便宜的沼气改善了农户的生活环境，降低了其生活支出费用；沼液、沼渣有机肥替代化肥，不仅减少了农业生产投入成本，而且有利于改良土壤质量，提高种植业产品的品质。最后，沼气托管站进行沼气的专业管理和服务，既保证了沼气工程的正常安全运行，同时也获得了丰厚的收益，其积极性得以极大调动。

4.4.2.2 模式效益分析

天农源实业有限公司主要经营肉牛的养殖和销售，牛舍养殖面积10 000m²，年出栏肉牛2 200头，年存栏1 500头。为解决粪污问题，配建了1 200m³的大型沼气工程，年生产沼气43.8万m³。公司和舞阳县振兴沼气区域服务站签订了沼气工程运行全托管服务协议，由振兴沼气区域服务站负责沼气工程的运转。同时，与种植大户合作，为其50亩黄梨、1 000亩小麦和玉米提供沼液有机肥。

（1）经济效益。天农源实业有限公司年出栏肉牛2 200头，由于有机牛肉品质优良，价格比传统养殖平均高3~5元，按照1kg有机牛肉比普通牛肉价格高8元计算，假设每头成年肉牛产肉250kg，天农源公司销售牛肉比普通养殖经济效益高出880万元。

对于种植业来说，种植大户采用有机肥料，按照不施有机肥和有机肥与化肥配施的数据作为对照。循环状态下种植小麦和玉米与普通状态下的化肥与农药施用对比见表4-1（肖阳，2018）。

表4-1 循环状态下种植小麦和玉米与普通状态下的化肥与农药施用对比

种植品种	循环状态下化肥用量（kg/亩）	循环状态下农药用量（元/亩）	普通状态下化肥用量（kg/亩）	普通状态下农药用量（元/亩）	化肥节约比例（%）	农药节约比例（%）
小麦	15	25	27.42	33.45	45.32	25.26
玉米	14	20	27.79	27.27	49.62	26.66

为简化计算，此处以种植大户种植小麦和玉米为例，且采用复合肥和沼肥混合施用的方式，根据相关文献研究（余爱珍等，2007），沼肥代替部分化肥提高农作物产量的幅度按10%计算，种植小麦和玉米各1 000亩，按照单纯使用化肥的小麦和玉米的平均亩产分别为502.948kg和521.05kg，小麦的市场平均价格为2.04元/kg，玉米的市场平均价格为1.9元/kg，种植小麦和玉米施用沼肥，共增收20.16万元。

综合上述分析，通过企业间链条循环，可增加经济效益460.16万元。

（2）社会效益。沼气工程合计年产沼气43.8万m³，主要免费供应周边农户做饭和照明，现以煤炭作为替代燃料，测算该部分沼气价值，按照前述的测算方法，一年的收益约为78.84万元。

生产的沼肥除了用于公司内种植区域施用外，还免费供应给周边的种植大户，按照前述测算方法，可解决1 558亩的肥料供应问题。

（3）生态效益。

①减少CO_2气体排放。按照前述方法，可以测算出减少CO_2气体排放的效益为1.034 8万元。

②减少COD排放。由《第一次全国污染源普查畜禽粪便养殖业源产排污系数手册》数据，可以采用位于中原地区的河南漯河地区一头牛化学需氧量（COD）的排放为2.411 4kg/天这一数值，根据本案例中的养殖规模（年存栏1 500头），可测算2016年共排放1 320t COD。按COD的排污权交易计费的方法，COD的排污收费为700元/t，该养殖场的沼气工程减排废弃物产生的环境效益约为92.4万元，综上，产生的生态效益约93.43万元。

4.4.3　区域内大循环生态循环农业模式

4.4.3.1　模式构建及特点

区域内大循环模式是在自然系统的承载能力内，多种产业形式、多个相关企业在一个区域范围内聚集，以上下游企业间链条循环为基本联结方式形成一个闭合的网状系统，生产要素和经济资源在该区域内循环流动、反复利用，发挥最大效用。此处的上下游企业是指可以通过生态产业链形成循环关系的企业，一般来说，它们之间的关系表现为上游企业的副产品可以转化为下游企业的原材料而被再利用。区域内大循环一般立足于区域优势资源，通常在政府的组织引导下，在若干龙头企业的带动下，形成以生态链为基础，纵向延长产业链、横向耦合相关产业为主要方式的农业产业化循环经营体系，随着产业链条的不断延伸，触及经营范围越来越广，上下游企业数量逐渐增多，企业利益关系更加稳定紧密，最终形成一个覆盖区域范围的企业间密切关联、各产业融合发展的生态循环网状系统。这种模式疏通了资源在区域范围内的循环通道，使企业内部及企业间未被利用的剩余废弃物得到充分利用，真正实现零排放，而且区域大循环涉及的循环面最广，参与者最多，因此认为区域大循环是生态循环农业发展的高级层次。此外，区域内大循环较之于企业内自循环和企业间链条循环而言，政府的参与程度较高，如农业农村部就有专门促进区域生态循环农业的资金渠道。为了保证区域范围内资源充分循环利用，政府需要对企业进行严格筛选，选择那些资源纵向链接密切以及横向耦合程度高的企业进入区域。图4-7显示了农业废弃物综合利用的区域内大循环基本模式，其中箭头代表经过处理的再生资源的流向。

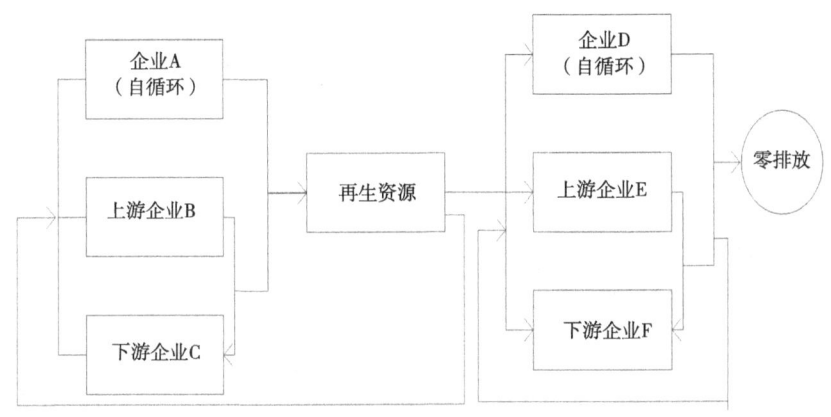

图4-7 农业废弃物综合利用的区域内大循环基本模式

河南省漯河市临颍县杜曲镇北徐庄村已经形成了村域内大循环模式的发展格局。北徐集团是北徐庄村村办企业，集团围绕农副产品精深加工，延长产业链条，已形成有机蔬菜种植、粮食生产加工、副食品生产、饲料加工销售、无公害生猪养殖、肉类加工、废污综合利用的农业产业化发展体系，生态循环经济的理念、发展思路得到了充分实践。例如，企业将粮食生产加工、副食品生产、饲料加工的废弃物转化成饲料或肥料，实现村域内废弃物资源再利用，既提高了农业的资源供给量，又保护了生态环境。集团依托两个大型养猪场，配套建设了生猪养殖废水处理沼气发电厂、生态种植展示园、智能温室、日光温室以及5 000亩有机蔬菜生产基地和花卉苗木基地，形成了"养殖—沼气—种植"的良性循环。猪场的粪污经过处理转换成沼气、沼液、沼渣。沼气发电，满足村民家庭和企业的基本电力需求；利用沼液、沼渣种植有机蔬菜，降低种植成本，提高产品品质。该村以生态经济、循环经济思路指导经济发展，产业链条逐级延伸，生产经营范围日益扩大，现已形成种养加、农工贸一体化，以及废弃物综合利用的产业格局，20多个企业基于生态产业链相互关联，协同发展，资源循环利用，基本实现了全村范围内的废弃物闭合循环利用与零排放的生态经济大循环。

4.4.3.2 效益分析

北徐庄村基本实现了全村范围内的生态经济大循环。以生态经济和生态产业理论、循环经济理论为指导，纵向延长产业链、横向耦合相关产业，通过企业内自循环、企业与企业间的紧密合作，在村域范围内对物质和能量进行综合平衡，实现区域内部资源高效循环利用，外部废弃物排放最小化的目标。在经济效益方面，通过4个方面来体现。一是三产融合发展提升经济效益。该村突破传统第一产业的种养领域，通过上下游企业相互衔接合作，延长产业链条，实现种养加、农工贸一体化，最大化地参与到了各产业链各环节的价值分配当中，实现了价值最大化。二是疏通了区域范围内的物质能量循环通道，既节约了资源，降低成本，又通过对废弃物综合利用，最大化地挖掘了价值。三是优质产品带来丰厚收益。北徐庄村5 000亩蔬菜均实现有机种植，生猪做到无公害养殖，健康、安全的种养殖方式保证了产品的优质和高价，带来了丰厚的收益。四是通过规模经济、范围经济、网络经济、产业扩散等效应带来更大的经济效益。

社会效益方面主要体现在以下3个方面：沼气工程对全村的废弃物进行集中化处理，沼气满足了全村的生活和企业基本用电需求，沼液、沼渣作为有机肥满足了5 000亩有机蔬菜的肥料需求；北徐庄村的20多个村办企业为该村及附近的村民提供了工作岗位，解决了部分农村劳动力的就业问题；通过该村的示范效应，带动了附近县市生态循环种养业的发展。

在生态效益方面，北徐庄村全局规划，统筹安排，20多个企业基于生态产业链密切关联，资源循环高效利用，通过沼气工程对全村废弃物进行集中处理，基本实现了全村范围内的废弃物闭合循环利用与零排放的生态经济大循环。

综上，北徐庄村作为区域大循环模式的典型，在运行中表现出良好的经济效益、社会效益和生态效益。

4.4.4　3种模式的关系

前面对企业内自循环、企业间链条循环和区域内大循环3种生态循环农业模式的内涵、特点作了阐释，对各自的效益情况进行了分析测算。3种模式虽然组织形式、规模大小不同，但是都是建立在产业链纵向延伸和横向耦合的基础之上，疏通了资源和能量在各个环节间流通的通道，形成了循环链条，循环的结果是3种模式都带来了显著的经济效益、社会效益和生态效益。

企业内自循环模式是在一个企业内部基于生态产业链构成一个循环系统，一般来说，当企业内自循环的条件可达成时，企业首先会选择内部自循环这一模式，因为从经济的角度来说，自循环的模式避免了和其他企业合作时需要进行的谈判、协商等获得，可以降低交易成本，并且有利于提高决策效率水平。企业内自循环模式对企业内的经营业态和规模提出了较高要求，因为内部自循环建立的自然技术条件是企业内部的经营业态必须满足生态产业链的耦合关系，例如，种植业和养殖业之间的耦合，同时，二者之间的规模必须匹配，如果规模不匹配，就会出现循环不充分、不彻底的情况。

当企业内部多种业态间生态链不协调、规模不匹配时，可以通过建立企业间链条循环模式来解决这一问题。企业间链条循环模式是在两个及两个以上的企业间建立循环系统，各个企业独立经营，相互合作，资源在企业间顺畅流通，实现资源共享，价值增值。这种方式有利于各个企业灵活经营，其业态和规模不受企业内自循环要求的限制，但是由于该模式是建立在几个企业之间的合作，这种合作存在的基础是各个企业之间需要达成合理的利益分配格局，否则合作就难以形成，因此，企业间链条循环模式一方面会因寻求合作伙伴而产生交易成本，另一方面可能会因利益分配不合理而出现链条中途断裂或无法形成的局面。

区域内大循环模式是在一个区域范围内形成一个闭合的网状循环系统，经济资源和生产要素在区域内循环流动。区域内既有企业内自循环，也有企业间链条循环，它们构成了区域内大循环的基本形式。从资源高效利用的角度来看，这种模式疏通了资源在区域范围内的循环通道，实现了资源共享，同时使企业内部以及企业间未被利用的剩余废弃物得到最大化利用；从带动性和普及面来讲，该模式通过企业内自循环和企业间链条循环的形式将生态循环农业的生产方式延伸到区域内的每一个角落，形成了区域范围内生态循环农业发展的大格局，因此认为区域大循环模式是生态循环农业发展的高级层次。

3种生态循环农业模式的关系如图4-8所示。

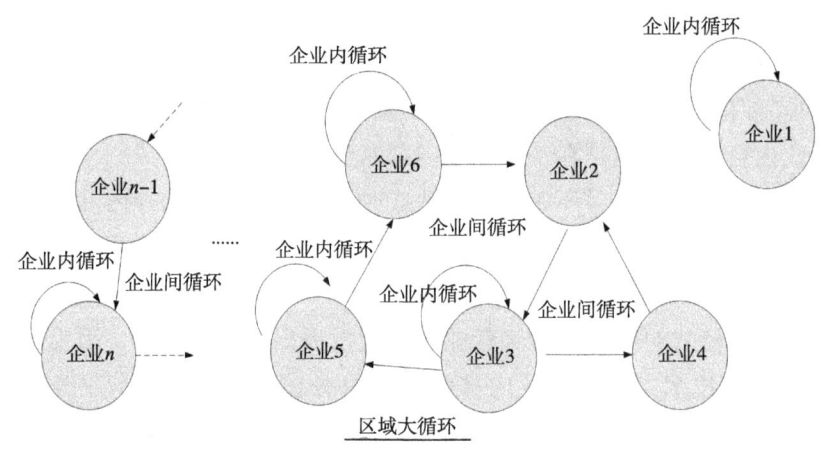

图4-8 3种循环模式的关系

图4-8中,企业1、企业3、企业5、企业6是进行企业内循环的企业,企业1只进行企业内循环,企业2和企业4内部不循环,它们通过和其他企业合作形成企业间链条循环,企业3、企业5和企业6既有内部自循环,又和其他企业之间建立循环链条,企业2、企业3、企业4、企业5和企业6之间基于生态产业链形成了复杂的循环网络关系。以此类推,在一个区域范围内,出现诸多企业,既有类似于企业1的完全自循环的模式,也有企业间链条循环的模式,这些企业一起形成覆盖全区域的生态循环农业格局,即实现了区域内的大循环。

4.4.5 基本参与主体农户和模式的关系

本书构建的3种生态循环农业模式,其核心带动力量——农业企业的作用不言自喻,但这并不意味着可以忽视生态循环农业的直接和最广泛的参与者农户的作用。相反,该模式的运行、推广需要广大农户的积极支持和广泛参与来予以保障,如果得不到农户的配合,该模式也将失去运行的基础。无论是企业内自循环,还是企业间链条循环,它们的发展壮大都离不开农户的支持和配合。尤其是高级形态的区域大循环模式,该模式在区域范围内发展,普及的过程实质就是在农业企业带动下,广大农户不断加入该模式的过程。农业企业带动的生态循环农业模式普及、发展的过程,一方面表现为不断地有更多的农业企业作为核心主体参与、发展这一模式;另一方面则是在农业企业带动下,广大农户通过日益牢固的循环链接融入这一模式,逐步参与到生态循环农业发展的过程中。具体来说，农户主要可以通过两种方式参与到农业企业带动的生态循环农业模式当中。一种方式是通过"企业+农户"的方式直接将农户纳入模式当中，农户成为企业带动的模式当中某一环节的一分子，按照生态循环农业的要求进行生产经营活动。这种方式下，农户的加入有利于扩大企业的生产规模，增强企业的经济实力，有助于模式的运行和发展；第二种方式是农户通过自我演进，逐渐参与到企业带动的生态循环农业模式当中，这又包含两种具体的途径。第一种途径是独立农户经过自我发展、壮大，在种养规模、生产技术、经营管理等方面达到与高效生态循环农业发展相契合的标准，通过建立企业内自循环，或者与外部其他相关联企业建立企业间链条循环，走上生态循环农业之路，这种方式其实是普通农户逐渐成长为农业企业，进而构建企业带动的生态循环农业模式的过程。国家目前鼓励各类种养大户的发展，通过资金、技术等方面的支持，为这种方式提供了良好的发展空间。第二种途径是普通农户之间主要通过成立农民专业合作社的方式，扩大生产规模、进行企业化管理，不断提高自身实力，进而构建企业带动的生态循环农业模式。在我国目前大力支持农民专业合作社发展的时代背景下，这种方式在未来将大有作为。由此可见，农业企业带动的生态循环农业模式的运行、发展、推广都离不开农户的参与和支持，生态循环农业模式在区域范围，甚至全国范围内的普及，其实质是广大农户通过不同方式逐渐加入循环链条的过程。因此说，基本参与主体农户对模式的顺利运行、广泛推展具有重要作用。

此外，更为重要的是，我国农业的基本特征依然是小农经济，家庭联产承包经营是我国的基本经营制度，千家万户的小农户是我国农业生产经营活动的主体。2018年中央一号文件指出："统筹兼顾培育新型农业经营主体和扶持小农户，采取有针对性的措施，把小农生产引入现代农业发展轨道。"可见，无论从国家政策层面还是在农业生产实践中，小农户现在和未来都是我国农业生产的最广泛和最主要的参与者，也是我国生态循环农业的基本主体力量。因此，生态循环农业的发展程度和发展水平最终将取决于具有独立决策权力的农户的态度和行为。

4.5 本章小结

本章在生态循环农业参与主体识别以及对农业企业优势分析的基础上，提出农业企业是发展生态循环农业的核心力量，在理论分析和实地调研的基础上，构建了企业内部自循环、企业间链条循环和区域内大循环等3种企业驱动的生态循环农业模式，并深入分析了3种模式的内涵及特征，通过企业内自循环、企业间链条循环，逐渐形成区域范围内的大循环，这实际上是通过企业的核心力量不断带动广大农户加入生态循环农业发展的过程，进而推动生态循环农业大范围内的高质量发展。对生态循环农业基本参与主体农户和构建的模式的关系进行阐释，表明农户和企业带动的生态循环农业模式关系密切，农户在模式的运行和推广中发挥着重要作用。

本章利用调研的典型案例对企业内自循环和企业间链条循环两种模式的效益进行了评估计算，计算的结果表明，两种模式均带来了明显的经济效益、社会效益和生态效益，说明模式具有推广价值。以北徐庄村为例说明了区域内大循环的基本效益情况。作为生态循环农业模式的高级形态，区域大循环较之于企业内自循环和企业间链条循环具有更大的优势，其循环更彻底，产业结构更丰富，价值增值空间更大。

本章研究提出各类农业企业是带动生态循环农业发展的核心力量，因此建议一定要重视农业企业的作用，充分发挥企业的力量及优势，推动生态循环农业的大力发展。必须加快农业龙头企业、农民专业合作组织、农业园区、家庭农场以及种养大户等各类农业经营主体的培育，提高农业企业的生态意识、循环经济意识，鼓励、引导农业企业自愿选择适合自身实际的生态循环农业模式。

5 生态循环农业模式运行的利益联结机制

第4章在实地调研和理论分析的基础上,论证提出了农业企业是带动生态循环农业发展的核心力量这一观点,并围绕农业企业这一类重要的经营主体,构建了企业内自循环、企业间链条循环和区域内大循环3种生态循环农业模式。利用调研得到的案例数据,对每一类模式的效益进行了分析,结果表明这3种模式都有显著的经济、社会和生态效益。实地访谈也证明,模式中的参与主体对循环后经营中得到的收益感到满意,这说明生态循环农业发展的路径选择是完全可行的。但同时还需要看到,生态循环农业的发展还不是普遍的状态,模式运行良好、参与各方都满意的情况并不普遍。这意味着在从普通农业发展方式到生态循环农业发展方式的转变过程中还缺乏有效的保障,积极地、自发地从各个单独的经营业态走向循环起来的形态的动力还不足,各参与主体对转换到生态循环经营模式的意愿还不是非常明确。一个有前景的生态循环农业模式要实现高效发展,除了模式本身构建要科学合理以外,内在的动力机制和各参与主体的意愿、行为是其重要保障。本书将在本章和第6章开展模式动力机制方面的分析研究,在第7章对保障模式运行的参与机制进行分析。

动力机制研究从两个层面展开:第一个层面是模式中各经营主体利益联结的分析;第二个层面的分析中,将整个循环系统作为分析的基点,构建循环系统的动力机制分析模型,识别出循环系统中农业企业、政府、农户等各参与主体的动力激发源、动力作用机理和作用方式,为农业生态循环模式的建立、运行提供理论上的支撑。

以农业企业为核心的3种模式本质上都要求实现物质及能量充分利用的循环流动,构建高效的循环链条,任何一个环节出现问题都将导致链条的低效甚至断裂,使循环难以维持。物质及能量的流动其实都是经济系统内价值循环的外在表象,因为循环经济的基本机理是用价值链条拉动经济系统内的物质单元以建立畅通的循环通道。而这种价值链条实质是各个经济主体的利益联结关系，因此，生态循环农业模式的建立和稳定发展的关键在于经济循环过程中各个参与主体利益关系的合理性。此外，由于生态循环农业具有较强的外部性特征，在经营过程中容易出现边际私人成本与边际社会成本、边际私人收益与边际社会收益不一致的情况，为此，政府作为生态循环农业的重要参与者，有必要对其进行矫正，具体来说，政府对产生正外部性的行为予以奖励，对造成负外部性的行为予以处罚。本章运用成本收益方法及其博弈论分别研究了3种生态循环农业模式的利益联结机制。

5.1 企业内自循环生态循环农业模式利益联结

从经济利益的角度讲，企业内自循环模式能否实现取决于循环与不循环两种方式成本的比较情况。例如，在一个具有养殖业和种植业两种业态的农业企业内部，养殖业产生的畜禽粪污以及种植业的秸秆废弃物有两种处理方式。一是经过沼气工程处理转化为沼液、沼渣等有机肥供给种植业，假设有机肥正好满足种植业的需求，但是这需要投入相应的资金和技术成本（C_1），同时由于企业进行绿色生产而获得政府补贴（R_1）。二是简单堆放处理，成本为（C_2），这样处理方式由于污染环境会受到政府部门的惩罚，其处罚成本为（C_3）。最后，假设种植业不施用有机肥，需要购买化肥、农药的成本为（C_4）。在不考虑其他因素的情况下，对于农业企业来说，实现企业内部种养殖废弃物循环利用的条件是进行循环的成本小于不进行循环的成本，即$C_1-R_1<C_2+C_3+C_4$。根据条件可知，在企业处理废弃物所需资金技术费用C_1、简单堆放处理费用C_2及购买化肥、农药所需费用C_4既定的情况下，企业由于绿色生产而获得政府补贴R_1和由于污染环境所受处罚成本C_3越高，企业参与循环经济运行的积极性越大。由此可见，对于企业内部自循环模式而言，政府的态度和行为是影响循环经济发展的关键因素。但是，政府的支持和惩罚措施要有一个合理的限度，否则会扰乱市场运行秩序。一般来说，对于农业企业，政府最关键的是需要制定科学合理的政策措施鼓励企业采用先进的技术清洁生产，节约资源。

从市场理论上讲，企业内自循环模式能够将外部问题内部化，有效解决市场失灵问题。同时由于企业是独立经营的决策单位，可避免企业间链条循环模式中可能出现的不同企业间的利益冲突。企业通过扩大生产规模所产生的规模经济效应、多样化生产的范围经济效应均可提升企业的效率和效益水平。

5.2 企业间链条循环生态循环农业模式利益联结

两个或多个企业间的生态循环农业模式要求经济资源和生产要素在企业间循环流动，实现价值增值。为了维持这种循环关系，需要在两个或多个企业间建立稳定、持续的利益联结。在遵循企业各自利益最大化的基础上，秉着互惠互利的原则双方达成利益均衡，一旦利益失衡，模式将被打破。这种均衡其实是各企业在经济效益、环境效益和社会效益等目标方面的博弈。例如，基于生态产业链的两个上下游企业的合作，上游企业产生的废弃物或副产品有两种处理方式。一是提供给下游企业作为原材料，可获取一定销售收益（TR），但是废弃物或副产品一般需要经过收集，有时需要初步加工才能被下游企业利用，这需要投入相应的资金和技术成本（C_1），同时由于企业进行绿色生产而获得政府补贴（R_1）。二是简单堆放处理，成本为（C_2），同时这样的初级方式由于不能做到无害化处理会受到政府部门的惩罚，其成本为（C_3）。因此，对于上游企业来说，如果$TR-C_1+R_1>C_2+C_3$，则选择与下游企业合作；如果$TR-C_1+R_1<C_2+C_3$，则放弃合作。同理，对于下游企业来说，也有接受合作和不接受合作两种方式。假设购买上游企业经处理的废弃物或副产品作为原材料其所需成本为C_4（假设C_4即为支付给上游企业的收益TR），同时获得政府补贴（R_2），购买新材料的成本为C_5。因此，对于下游企业来说，如果$C_4-R_2<C_5$，则接受合作；如果$C_4-R_2>C_5$，则不接受合作。通过以上设定，可以得到两个企业合作的条件是：

$$\begin{cases} TR-C_1+R_1>C_2+C_3 & (1) \\ C_4-R_2<C_5 & (2) \end{cases}$$

对于条件（1），在上游企业加工处理废弃物的资金技术费用C_1、简单处理废弃物成本C_2以及政府惩罚成本C_3既定的情况下，销售再生原材料的收益TR和政府补贴R_1越高，企业参与循环经济的积极性越大。

对于条件（2），在下游企业购买新材料的成本C_5既定的情况下，购买上游企业经处理的废弃物或副产品作为原材料其所需成本为C_4越小，政府补贴R_2越高，则下游企业参与循环经济的积极性越高。我们假设C_4即为支付给上游企业的收益TR，因此，这里就涉及一对矛盾，上游企业希望TR更高，而下游企业希望C_4即TR更低，对于TR大小的确定其实就是双方博弈的一个过程，二者需要在双方利益都满足的情况下达成一种均衡。

另外，对于条件（1）和（2），政府补贴R_1和R_2越高，企业积极性越高。而政府补贴必然有一个合理的限度，因此，这其实是一个上游企业、下游企业和政府三方博弈的过程。三方需要在保证条件（1）和（2）同时满足的情况下，形成一个相对稳定的均衡，只有这样才能保证企业间循环模式的正常运行。因此说，企业间链条循环模式稳态存在的实质是各个独立企业和政府之间的博弈过程，各方在满足各自经济利益和环境目标需求下形成一种均衡状态，这是企业间链条持续循环存在的基础。

5.3 区域内大循环利益联结

区域内大循环模式是在区域范围形成一个闭合的生态循环网状系统，在网状系统内既有企业内部的自循环，也有企业间的链条循环，这两种循环模式也遵从其各自对应的利益联结关系。一般来说，如果企业内部自循环的条件能够满足，则单个企业会首先选择内部自循环模式。如果企业实力较弱，循环经济链条难以构建，不具备独立进行废弃物处理的经济可行性，或者企业内自循环不充分，则企业会选择与其他企业合作。根据企业间链条循环的利益联结，各个企业只有在满足合作条件的前提下，才会形成一个相对稳定的均衡。由于区域内大循环把生产要素和经济资源在一个区域内集中起来，多个企业通过产业生态链相互发生联系，使整个系统的产业结构更趋合理，利益关系更加稳定，逐步形成"风险共担，利益共享"的利益共同体。此外，区域大循环模式能够通过产业扩散效应、规模经济、范围经济、公共基础设施共享、管理成本的节约以及共同政策而获得更大效益，实现区域内生产资料和废弃物充分闭合循环利用。

5.4 本章小结

本章围绕保障生态循环农业模式运行动力机制中的第一个层面展开研究，对参与模式运行的经营主体的利益联结机制进行了系统分析。企业内自循环模式能否实现取决于循环与不循环两种方式成本的比较情况；企业间链条循环模式稳态存在的实质是参与循环的各个独立企业和政府之间的博弈过程，企业间链条持续循环存在的基础和条件是各方在满足各自经济利益和环境目标需求下形成一种均衡状态；区域内大循环模式既要遵从企业内自循环和企业间链条循环的基本条件，更要从区域的整体要求出发，通过规模经济、范围经济、产业扩散效应等获得更大的效益。同时，利益联结机制的成本收益及博弈论分析均表明政府引导和财政补贴在生态循环农业中发挥着重要的正向引导作用。因此，政府及相关部门需要制定科学、具体、可行的奖惩措施，引导有条件的农业企业进行企业内自循环，促进上下游企业间构建循环经济链条，逐渐形成区域范围内的经济大循环。

6 生态循环农业模式运行的动力机制

在第5章生态循环农业模式运行的利益联结分析中，农业企业真正看重的是经济利益，但是一个模式在构建初期，经常会涉及为推动循环而增加的额外投资，对农业企业来说，其初期的经济效益并不明显，甚至还会下降，为了提升农业企业参与循环构建的积极性，政府往往会采取资金补贴等支持方式，这时候政府在什么环节补贴、补贴多少和补贴多长时间等问题都需要进行深入研究。为了解决这个问题，需要从循环系统的层面分析模式从构建到运行的动力机制，下面将针对这一问题展开讨论。目前专门研究生态循环农业模式动力机制的成果并不多见，而关于循环经济动力机制的研究则相对比较丰富。因此，本章将从循环经济动力机制开始研究，在探索出循环经济一般动力机制的基础上，进而将其引申到生态循环农业模式的动力机制，并分析其特点和具体应用。

6.1 循环经济动力机制的内涵及构成要素

动力的含义在《现代汉语词典》中的解释为：使机械做功的各种作用力，如水力、风力、电力、蓄力等；比喻推动工作、事业等前进和发展的力量[1]。机制的含义作为名词时主要有：机器的构造和工作原理，如计算机的机制；集体的构造、功能和相互关系，如动脉硬化的机制；某些自然现象的物理、化学规律，如优选法中优化独享的机制，也叫机理；一个工作系统的组织和部分之间相互作用的过程和方式，如市场机制等[2]。在生物学和医学领域中，动力机制是指生物有机体的内在工作方式，它包括有关生物结构组成部分的相互关系

---

[1] 中国社会科学院语言研究所词典编辑室编，现代汉语词典（第7版），北京：商务印书馆，313页。
[2] 中国社会科学院语言研究所词典编辑室编，现代汉语词典（第7版），北京：商务印书馆，600页。

6 生态循环农业模式运行的动力机制

及期间发生各种变化过程的物理、化学性质和相互关系,阐明一种生物功能的机制,意味着对它的认识已经从现象描述进到本质的说明。根据上述定义,可以认为事物发展的动力机制是指其运动与发展过程中各种动力的作用原理与传导过程,动力机制的本质是描述动力与事物运动与发展的内在联系。

循环经济的动力机制就是要探索循环经济驱动系统的运行规律。相关的专家学者对此已经开展了一定的研究,如王朝全(2006)、李冬(2008)、张昌蓉等(2008)、张其春等(2011)、周颖等(2012)、赵大伟(2012)等,但是普遍存在的问题是对循环经济动力机制的研究并不深入、透彻,尤其是对动力机制内涵的界定还不清晰,对动力机制的研究大多停留在"动力机制包括什么"的宏观层面,整个动力机制的分析框架还没有建立起来。因此,本书以生态循环农业为应用对象,开展动力机制分析模型的构建和应用的相关探讨。

为探析循环经济发展的动力机制,本章以生活中常见的一种循环系统为例,先对动力机制的组成要素进行分析。如图6-1所示,封闭的管道组成一个正方形,竖直放置,管道中充满水,需要采用什么样的动力机制才能使管道中的水循环流动起来?

图6-1 待循环的水状态示意

通过简要的物理分析，可以知道至少有两种方案，分别如图6-2（a）和（b）所示。

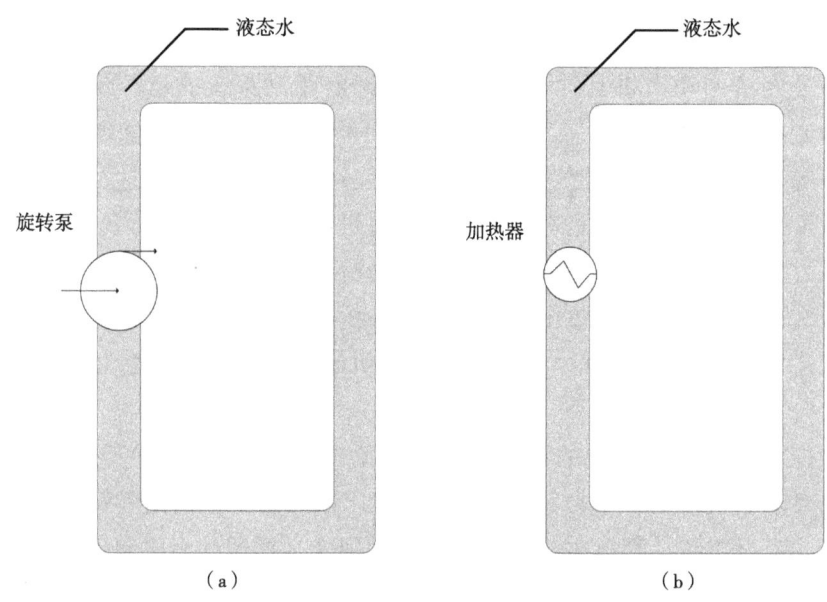

图6-2 使水循环的两种动力机制

图6-2（a）所示的方案是在管道上加装一个动力泵，通过泵的叶片产生的驱动力使管道中的水循环流动；图6-2（b）所示的方案是在管道垂直部分加装一个加热器，通过冷热水之间的对流作用使管道中的水循环。分析这两种使管道中的水循环流动起来的动力机制，可以发现都涉及以下几个要素。一是都有动力源，采用泵驱动的动力源是机械能，采用加热器的动力源是热能。二是都有动力主体，机械能的动力主体是泵的叶片，热能的动力主体是加热器的加热丝。三是都有驱动机理，叶片的驱动机理是叶片绕轴旋转不断地将机械能施加给水让其流动，加热丝的驱动机理是不断的加热周边的水，从而使热水向上扩散，冷水从底部补充形成对流。不同驱动机理的适用情况不一样，以本循环例子来说，叶片驱动时，将动力泵安装在管道的任何位置，都能驱动水循环；加热驱动时，加热丝只能安放在竖直的管道上，安装在水平管道上则不能够驱动水循环。四是都有作用方式，叶片是采用推力让水流动，加热丝采用的则是浮力让水流动。

循环经济的本质也是让物质在不同业态间循环流动起来，从而增加效益，减少污染，提升价值。因此，本书在研究循环经济的动力机制时，受到上面提到的日常生活中物质循环动力机制的启发，类比提出了循环经济动力机制的构成要素，即动力源、动力主体、驱动机理和作用方式。所谓动力源，指的是激发动力生成的源头。对水的循环而言，动力源是某种能如机械能；对循环经济而言，动力源则是某种利益或者效益，如经济利益、社会效益、生态效益等。动力主体则是组织或实施动力行为主体。对水的循环，动力主体是叶片或加热丝；对循环经济而言，则是某些组织或个人，包括政府、企业等。驱动机理是动力主体组织或实施动力行为的基本途径。对水而言，可以是通过叶片绕轴旋转不断产生驱动力，也可以通过不断加热产生对流来实现循环；对循环经济而言，则包括资本驱动、创新驱动和政策驱动。作用方式则是在某种驱动机理下动力的产生和输出过程。对水循环而言，绕轴旋转的叶片会对其旋转经过的水产生推力，并使水移动；对于循环经济而言，如果采取创新驱动，动力主体可能通过技术创新来提高效率，也可以采用组织方式创新来减少成本，从而推动循环经济的发展。

整个循环经济的动力机制就是针对某个特定的循环产业链，确定其动力源、动力主体、驱动机理和作用方式等要素，并建立起内在的动力生成模式，形成推动该产业链不断循环发展的过程。

6.2 循环经济动力机制模型构建

为进一步揭示循环经济动力生成机理，在前面循环经济动力机制组成四大要素分析的基础上，结合产业链耦合原理、物质流分析原理和循环价值增值原理等理论，本书构建了动力机制分析模型，如图6-3所示。该模型在纵向维度上分为产业链分析层、投入产出分析层和物质流分析层3个层次；在横向维度上分为循环链条分析、成本收益分析和动力要素分析3个阶段。纵向上，产业链分析层、投入产出分析层和物质流分析层之间是层级递进的关系，产业链层决定了投入产出情况，投入要素和产出产品又决定了物质流分析中的具体元素及其状态。横向的3个阶段，各个层级的循环链条分析是效益分析的基础，效益分析是动力要素分析的依据，具体来说，动力要素分析是根据上一阶段成本效益的情况识别动力源、动力主体、驱动机理以及作用方式4个要素，进而为这一系统的循环运行提供精准的施力点和有效的促进措施。

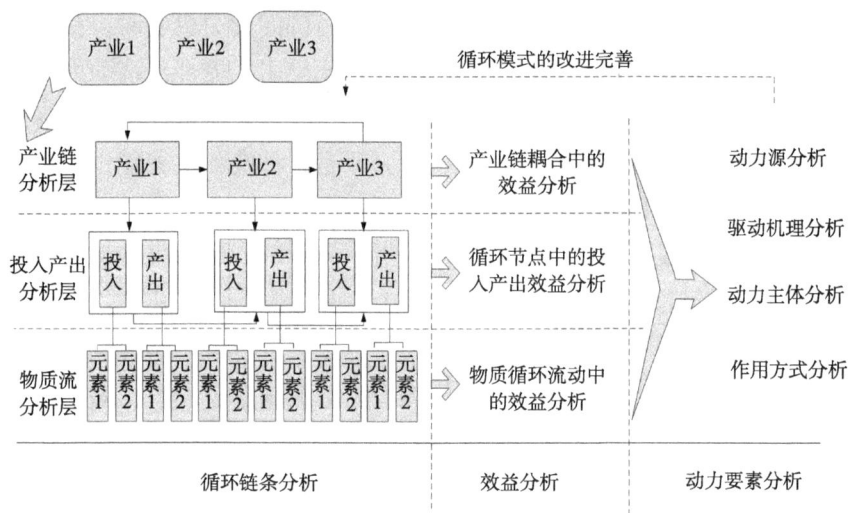

图6-3 循环经济动力机制模型

下面从循环链条分析、效益分析以及动力要素分析3个阶段对该模型进行详细解释。

6.2.1 循环链条分析阶段

产业链分析层主要是从产业耦合的角度分析循环经济中各个产业如何建立耦合关系以及建立耦合关系需要具备的软硬件条件。例如在考虑养殖业和种植业两种业态耦合时,为了提高耦合性,增强产业间链条的稳健性,可以通过修建沼气池等方式将养殖业产生的粪污资源化再利用。投入产出分析层,则是在产业链分析层建立耦合产业链的基础上,进一步分析每个链条节点生产过程中的投入物和产出物,其中既包括期望得到的产品,同时也包括不期望产生的废弃物等产品。物质流分析层,是在投入产出层的基础上进一步分析产品中实现产品价值和对生态环境产生影响的核心元素及其存在状态。例如养殖业产品主要是各种肉类,而肉类对人体的主要价值是各种蛋白质等有机物,从经济价值和生态价值的角度考虑,确定该循环链条的核心元素,如工业循环链条中的铁等,图6-3模型中列了两种元素(元素1和元素2),实际分析时可以根据需要增加或者减少元素种类。物质流分析层的目的是依据物质流基本原理,确定需要关注的核心元素并建立起核心元素在各产品中间的循环链。

6.2.2 效益分析阶段

效益分析是在第一阶段循环链条分析的基础上，将产业链分析层、投入产出分析层和物质流分析层每个环节的投入、产出、成本、收益、元素价值等进行分析计算，并与每个节点循环前的情况作对比。在这一阶段分析中难度最大的是用物质流分析的方法分析所关心的元素在不同产品中的存在状态。条件具备的话，还可以进一步对关心的某种元素在不同产品中的价值以同一单位（如元/kg）进行计算。在计算中还需要考虑作为污染物等负价值的计算，当然具体的价值核算以及元素在某种产品中的价值需要收集一些科学数据作为支撑。

6.2.3 动力要素分析阶段

这一阶段综合前面效益在各层的分析结果，对动力源、动力主体、驱动机理和作用方式进行识别，形成系统的动力机制分析结论。其实，根据实际情况，在每个层面（产业链层、投入产出层和物质流层）都可以围绕动力要素展开分析。

在产业链分析层，通过相关产业的耦合，实现资源的循环利用，可以减少污染，提升生态效益。生态效益是重要的动力源，这种动力源的动力主体以政府为代表，在驱动过程中主要以制定相应的激励政策为主，作用方式可能采用经济补贴、政策优惠等方式，也可以是行政处分、经济罚款等负面抑制措施。当然，如果在产业链分析阶段，产业链相对简单，而且循环以后经济效益明显，那么经营主体就会积极参与到循环体系中，成为动力主体。例如，对于独立经营的养殖户和种植户，在循环前，养殖户的粪污和种植户的农作物秸秆都全部扔掉，不仅造成资源的浪费，而且由于污染环境，可能受到相关部门的处罚；循环后，养殖户的粪便作为种植户的肥料被资源再利用，种植户的秸秆也可以作为养殖户的饲料被再利用，对双方来说通过合作形成的循环关系，节约了成本，提高了产品品质，增加了收益，养殖户和种植户出于经济利益的考虑都愿意成为动力主体而积极参与循环经济活动。

有时为了促进资源的高效循环利用，需要增加新的产业以增强其耦合性，例如养殖业和种植业两种业态耦合的常用手段是增加沼气加工业，此时就需要重点考虑这个新增产业的经济效益，如果经济收益大于成本，该产业的经营者出于追求利益的目的也会成为动力主体，促进循环的进行。此时，政府还需要评估该业态的生态效益，比如说建沼气池会消耗水泥，如果建设沼气池带来的生态收益小于生产该部分水泥带来的生态污染，政府应该利用技术驱动的方式，通过提升技术水平，改进沼气生成方式，促进循环的形成。循环前后每个业态的投入要素和产出产品可能发生改变，造成相应的成本收益发生变化，此时就需要深入到投入分析层做进一步分析。

在投入产出分析层，主要是对每个循环节点在循环前后的投入要素和产出产品（包含非期望产出）进行对比，分析收益变化，为后续动力机制分析奠定基础。对于经营者来说，如果循环后的收益大于循环前的收益，那么该节点业态的经营者会在经济效益的激发下成为动力主体，投入资本参与到循环建设中，如种植业业主会由施用化肥改用有机肥，并购置相应的工具等。当然，也有可能参与循环后，该业态的经济效益不明显甚至还减少了，这时候该业态经营者则不会成为动力主体，甚至会阻碍循环的运行。此时，政府受到生态效益动力源的激发，应作为动力主体推动循环的达成。有时，仅仅从投入产出分析也难以确定循环前后的效益变动情况，这时需要进入物质流的层面加以分析。通过对循环系统内特定元素的分析，比较整个体系、每个业态循环前后的效益变化，来确定每个循环链条的动力源、动力主体、驱动机理和作用方式。

由此可见，该模型的目的是识别循环经济运行过程中的动力源、动力主体、驱动机理和作用方式；识别动力要素的方法是对纵向各层次对应的业态、投入产出、元素做效益分析。由此一来，包括经济效益、社会效益和生态效益在内的效益核算就成为该模型分析的关键问题，它直接影响到动力机制四大动力要素的决定。为了保障核算的准确性，必须对模型纵向各层面的成本和收益作出完备的分析和判断。一般来说，产业链和投入产出分析层的效益评价相对简单，物质流分析层由于涉及元素价值的变化而要困难许多。

在动力机制的分析中，如果通过产业链层的分析就能够准确识别出该循环系统的动力要素，则不需要进行下一层级的分析；如果产业链比较复杂，或者效益在产业链层还不够清楚，则需要进入投入产出分析的阶段，进而确定系统中的动力要素；同理，如果通过投入产出层的分析还是不能获得一个清晰的效益情况，那么，就需要进入物质流分析层，通过对元素的状态及价值的分析来识别动力要素。

对某个循环系统而言，本书建立的动力机制模型应该在本循环系统研究设计的时候就应用起来，利用本模型的分析方法，探讨该循环系统的科学性和合理性。如果一开始设定得不合理,如种养结合的循环模式、种植和养殖的规模不匹配,则生态效益和经济效益可能不明显,利用本模型的方法进行分析测算,调整二者的规模使其匹配,生态效益和经济效益凸显之后,整个模式的动力源就产生了,在动力主体的推动下循环就能够顺利构建。

6.3 生态循环农业模式动力机制模型

生态循环农业作为循环经济在农业领域的一种具体形式,循环经济动力机制模型对其也是适用的。模型中物质流分析层的核心元素主要是碳和氮,所以生态循环农业的动力机制模型只需将图6-3中物质流分析层的循环链条分析阶段的元素1、元素2,分别改为元素C、元素N即可。

一般来说,生态循环农业动力机制由于农业产业具有自然再生产和经济再生产相交织的特点,使生态循环农业的动力机制分析模型在运用过程中比一般的工业过程要更为复杂,下面以氮元素的物质流分析为例进行说明。侯勇等(2012)研究构建了北京郊区典型的种养结合小规模生态养殖园畜牧体系生产系统氮素养分流动模式,如图6-4所示。

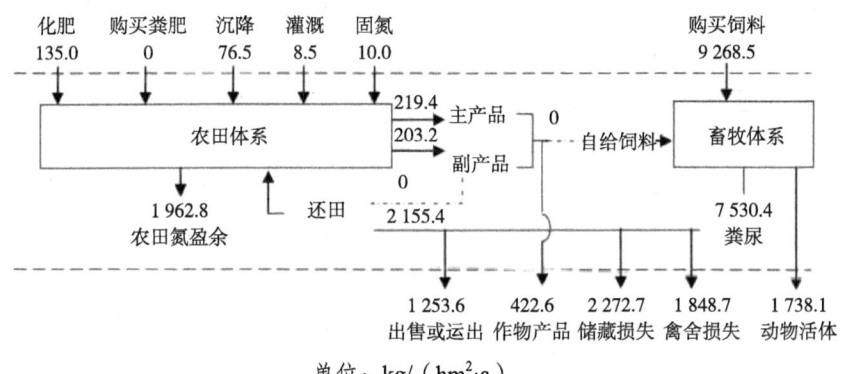

单位:$kg/(hm^2 \cdot a)$。

图6-4 农田—畜牧生产系统氮素流动模式及计算结果

化肥、购买粪肥、大气沉降、生物固氮和购买饲料等过程为该系统的外源输入项,作物产品、动物活体、出售或运出农场的畜禽粪尿及粪尿在禽舍和储藏处理过程中等的损失为该系统的输出项。"农田—畜牧"生产系统分为农田和畜牧两个子体系。子体系内和子体系间也都存在氮素的循环流动,将其视为"农田—畜牧"生产系统中的内部循环。子体系内氮素循环如农田收获副产品的还田，子体系间氮素循环如农田收获主副产品作饲料（用作自给饲料）以及畜禽粪尿返还农田（还田粪尿）。

经过分析计算得到种养结合小规模生态养殖园畜牧体系（以户为单位集中经营，每户猪舍前均种植玉米、白菜等作物，2009年园区总农户数为160户，每户占地约0.2hm²，园区母猪年存栏量1 712头，仔猪和育肥猪年出栏总量为25 962头，农田种植面积25.3hm²）。生产系统2009年的氮素流动特征如图6-4所示，图中数字的计量单位为kg/（hm²·a）。计算过程中，为了获取相关的数据，该文作者参考了近20篇文献。这说明农业系统中相应物质流动的分析比较复杂，结果也可能因为参考文献数据的不同而有差异。

本书构建的动力机制分析模型为研究生态循环农业模式的动力机制问题提供了一个新的理论分析框架，按照这一分析框架，可以将待研究的产业循环链的动力源、动力主体、驱动机理以及作用方式等进行比较具体的分析，解决了以往在研究动力机制问题时过于宏观、指向性不强的问题，有利于寻找动力机制的"精准"施力点，为相关精细化政策的制定提供理论依据。具体来说，生态循环农业动力机制模型主要解决了以下两个关键问题。

第一，动力机制内涵和要素的阐明为生态循环农业动力分析提供了明确的切入点。鉴于目前的研究对动力源、动力主体等的定义不够明确和统一，本书明确界定动力源、动力主体、驱动机理、作用方式等动力要素的含义，并以简明的物理过程作为类比，内在逻辑较为完善且便于理解。在分析设计生态循环农业系统的动力保障时有了清晰的切入点，有利于实际工作的开展。

第二，动力机制分析模型的构建为动力保障的分析提供了基础工具。通过在纵向维度上产业链层、投入产出层、物质流层3个层次的分析和在横向维度上循环链条、成本收益、动力要素3个阶段的分析，可以明确地分析出循环链条每个节点的动力状况，对需要政府介入提供政策驱动的需求点和强度能够定量化地分析，为精准施策提供支持。

6.4 案例分析——生态循环农业模式动力机制模型的应用

前面对生态循环农业模式动力机制分析模型的基础理论及构成进行了介绍，为了更好地描述该理论分析模型的应用过程，本节将通过一个实例来介绍分析模型的使用流程，在分析中由于本案例循环节点较少，产业链和投入产出层已经能够清晰分析出动力机制,所以未做物质流层的分析。

6.4.1 案例简况

本案例取自河南省漯河市舞阳县天农源实业有限公司与沼气托管站和种植大户的产业循环模式。天农源实业有限公司主要经营肉牛的养殖和销售,牛舍养殖面积10 000m^2,年出栏肉牛2 200头,年存栏1 500头。2014年投资360万元(政府补贴160万元)建设了1 200m^3的大型沼气工程,可日处理养殖场污水80m^3。公司和舞阳县振兴沼气区域服务站签订了沼气工程运行全托管服务协议,由振兴沼气区域服务站负责沼气工程的运转,沼气服务站每年向养殖场上交2万元,产生的其他收益归沼气服务站。该沼气工程日生产沼气1 500m^3,年产沼气48万m^3,设计供气800户,每户每年缴费400元,供气收入30万元;沼渣、沼液固液分离,年产固体沼渣有机肥2 000t,每吨400元,年收入80万元。沼气工程每年的运营费用为50万元,人员工资为40万元,沼气服务站因为解决就业岗位带来的社会效益按每年2万元估算。同时,与种植大户合作,为其50亩黄梨提供沼液有机肥,每年获益10 000元。对于种植大户来说,若施用复合肥,1亩地成本大约400元,50亩则需要20 000元,比施用沼液成本高出10 000元,更主要的是施沼液有机肥的黄梨口感更好、品质更佳、价格更高。由此可见,这种生态循环模式既解决了养殖场的粪污排放问题,又为养殖场提供有机牧草饲料,使肉牛得以实现有机养殖,保证了牛肉的品质和高价格;同时,沼气工程为附近农户提供沼气服务,清洁、便宜的沼气改善了农户的生活环境,降低了其生活支出费用;沼液沼渣等有机肥替代化肥,不仅减少了生产投入成本,而且有利于改良土壤质量,提高种植业产品的品质;最后,沼气托管站进行沼气的专业管理和服务,既保证了沼气工程的正常安全运行,同时也获得了丰厚的收益,其积极性得到极大调动。

6.4.2 模型应用

步骤一:循环链条分析。从产业链层看,在本案例中天农源实业有限公司从事的是养殖产业,种粮大户从事的是种植产业。养殖业所产生的粪便可以作为种植业的肥料,同时种植业的秸秆等可以作为养殖业的饲料。因此,种植业和养殖业可以形成产业耦合,从而实现循环。在本案例中,为了进一步提升生态效益,减少种植业和养殖业直接耦合造成的生态危害,增加了沼气加工这样一个新的业态,即加工业,从而实现"养殖业→沼气加工业→种植业→养殖业"生态循环农业的产业耦合链。为了更好地揭示该模型的分析思路,假设本案例中沼气工程为独立经营的企业,自负盈亏。由于种植业和养殖业天然的耦合关系,在条件便利的情况下,种植大户和养殖企业可以自发地实现循环,他们都是该循环系统的动力主体。本案例中加入了沼气工程,其分析就相对复杂起来,即便不考虑沼气工程对种植大户和养殖企业的影响,但它本身是一个独立核算的企业,也需要考虑自身成本收益的状况。因此,需要进入下一阶段的分析来确定其收益状况,进而分析动力要素。

步骤二:效益分析。效益分析阶段是在第一阶段分析的基础上,针对产业链层、投入产出层和物质流层,对每个环节的投入、收益、产品价格、元素价值等进行分析计算。本案例中,养殖业和种植业由于没有纳入产业链循环而增加额外的投资、花费,不需要进行专门的成本收益分析。因此,重点考察沼气加工业的成本收益情况,表6-1列出了主要的成本和主要的收益。其中,经济效益是企业售卖沼气和有机肥的收入,共计110万元;生态效益的核算方法是按照粪污随意排放而污染环境受到政府惩罚的经济数额来类比获得。

表6-1 案例中沼气加工业的成本收益分析

主要的成本		主要的收益	
沼气工程建设（1 200m^3大型沼气工程及相关工程、设备）	一次性投资360万元,按使用10年计,每年平均投资36万元	生态效益	年减少粪污29 200m^3,折合经济收益4万元
运营费用	50万元	经济效益（沼气、有机肥收入）	110万元/a
人员工资	40万元	社会效益（解决就业岗位）	按2万元估算

前面对沼气加工业进行了分析,其实对于种植业和养殖业,加入产业链前后的经营及产品成本也有变化。以黄梨种植户这一节点循环所需要及产出的产品成本分析为例说明,循环前后的分析见表6-2。

表6-2 案例中黄梨种植业的产品层成本收益分析

产品层		成本收益分析	
		循环前	循环后
生产所需产品	肥料	复合肥400元/亩	有机肥200元/亩
产出品	黄梨	普通产品10元/kg	有机产品20元/kg

步骤三：动力要素分析。观察沼气加工的成本收益情况，沼气加工业的业主按照10年经营期估算，其每年投入126万元，收益为116万元，经济收益少于投入成本，故而经营主体缺乏经济利益这一动力源的驱使，没有动力参与这一活动。此时，政府受生态效益动力源的激发，成为动力主体，为促进循环的生成，通过给经营者提供补贴或提供技术支持降低建设成本以使经营者能够盈利。对于黄梨种植户而言，其循环后的效益有了显著提升，在这种经济利益的驱动下，种植户成为动力主体，他们会通过增加投资扩大种植面积的方式推动循环规模的扩大。种植户的动力源是经济效益，动力主体是种植户，驱动方式是资本驱动，作用方式为扩大种植面积。

6.4.3 分析结果

通过对上述3个阶段的分析，一个特定的生态循环产业链的动力机制就比较清晰地勾勒出来。一般来说，循环系统动力主体的核心力量和各利益相关者在效益动力源（经济效益、社会效益和生态效益）的激发下，通过不同的方式推动循环系统的稳定运行。就本案例而言，生态循环农业的动力主体是多样的，企业、农户和政府都有一定的意愿成为动力主体，企业和农户主要是从经济利益角度去考虑，政府则是生态效益、社会效益和经济效益综合考虑。从驱动机理看，资本驱动、创新驱动和政策驱动应该结合具体的情况合理应用，以达到更好的效果。从作用方式看，通过利用本模型的分析可以为不同驱动机制的动力作用方式提供精确的路径指引，这样有利于生态循环农业产业链条的构建和稳态化运行。在分析过程中，还可以发现循环模式中的问题，及时调整改善。

6.5 本章小结

本章围绕解决保障生态循环农业模式运行动力机制的第二个层面展开分析，在循环经济系统动力机制分析中，提出了由动力源、动力主体、驱动机理和作用方式四要素构成的动力机制体系，构建了用于生态循环农业模式的动力机制模型，并以一个种养加工构成的循环链为例说明了分析模型的应用过程。本章提出的理念、模型和方法可为研究生态循环农业动力机制并制定有针对性的对策措施提供理论支撑。由于农业生产过程的复杂性，模型在使用中需要细致地分析大量的数据，有时可能还需要反复迭代。随着研究和实践的深入，进一步可以依据该模型的基本流程，编制生态循环农业动力机制的专门分析软件，为动力机制的分析提供实用化工具。

动力保障是一个模式的客观因素分析，循环后的总效益应该大于循环之前，这是一个模式能否在实践中存在的前提，也是在模式设计中，对生产力中的客观要素进行优化组合的着眼点。但是，模式运行中参与主体的主观因素也非常重要。尤其是模式基本参与主体——农户的意愿和行为较为复杂，由于思维惯性、经营习惯等影响，模式的参与主体可能明明知道循环后的经济收益将会增加，但是也没有强烈的意愿去参与到模式的构建和运营中，对这种因素对模式构建的影响也有必要进行深入研究。第7章将利用实际调研数据，通过建立数理模型来研究这一问题。

7 生态循环农业模式运行的参与机制

前几章中在对生态循环农业的参与主体进行识别，并分析其作用的基础上，结合生态循环农业发展的特质要求，构建了以农业企业为核心力量带动生态循环农业发展的3种模式，为发展生态循环农业提供了一种新的思路和方法。不论何种模式和方式，最终都将落实到行为主体身上，需要行为主体的参与和支持，行为主体的态度、认知、意愿、积极性等会直接影响到行为的执行力度和执行效果。因此，本章将对保障生态循环农业模式运行的参与机制进行分析，重点研究生态循环农业模式中基本参与主体——农户的意愿及其行为，并基于研究结果提出相应的解决措施，以提高农户的参与积极性，保障生态循环农业模式的运行和推广。

7.1 农户的意愿与行为——参与机制的重要内容

农业企业在生态循环农业模式的构建、运行中起着核心的带动作用，广大农户通过多种方式参与循环链条，对于模式的运行，尤其是在大范围内的推广发挥着重要作用。

本部分的研究目的在于探析保障生态循环农业模式运行的参与机制，通过研究寻找影响参与主体意愿和行为的关键因素，进而为调动参与主体的积极性提供具有针对性的措施，推动模式的运行和发展。生态循环农业的参与主体包括农户、农业企业、政府和社会公众，本书的参与机制重点对农户的参与意愿和行为进行分析，最主要的原因是广大农户是模式运行的基本参与主体，他与农业企业共同构成生态循环农业的直接生产经营者，农户的参与对模式的运行、推广和我国生态循环农业的发展发挥重要作用。此外，基于农户与其他参与主体的比较，其意愿和行为较为复杂。首先，政府作为特殊的参与主体，对生态循环农业的发展基本表现出支持和鼓励的态度。其次，农业企业是生态循环农业发展的推动者和示范者，是带动生态循环农业发展的核心力量，作为最有市场竞争意识的参与主体，企业的行为必然受到经济利益的驱使，利润最大化是它的生产目标。因此，企业对于生态循环农业的态度，主要取决于其生产的产品和提供的服务的市场价值，取决于生产成本和收益的比较，如果它认为这一项活动能够给它带来期望的价值，企业就会积极参与；否则就会对其采取消极、排斥的态度。社会公众并不直接参与农业生产经营活动。最后，农户对于生态循环农业的态度和行为相对复杂很多，农户的态度、意愿和行为容易受到多方面因素的影响，既有主观认识方面的因素，也有客观环境和政策方面的因素，具有较多的不确定性。因此，本部分将着重研究生态循环农业模式的基本参与主体——农户的意愿和行为，首先，对农户参与生态循环农业的现状进行分析；其次，从整体方面研究农户参与生态循环农业的意愿及其影响因素；最后，以有机肥施用为典型案例，分析农户的有机肥施用行为及影响因素。

为了研究的系统性，仍然选择河南省漯河市农户的生态循环农业行为作为研究对象，分析该地区农户对发展生态循环农业的态度、行为及其影响因素，以期对河南乃至全国农业发展提供参考。目前生态循环农业的具体发展方式主要表现在节水灌溉、有机肥施用、化肥减量化、农药减量化、畜禽粪便以及秸秆等农业废弃物的综合利用等方面。本章研究以生态循环农业发展的基本要求为依据，结合漯河地区农业发展的实际情况，并考虑数据的可获得性。

7.2 农户参与生态循环农业的意愿和行为的调研

7.2.1 调研地点及问卷分布

为了研究的系统性，仍然选择河南省漯河市农户的生态循环农业行为作为研究对象。目前生态循环农业的具体发展方式主要表现在节水灌溉、有机肥施用、化肥减量化、农药减量化、畜禽粪便以及秸秆等农业废弃物的综合利用等方面，调研内容即围绕这些内容而展开。调研地区涉及除源汇区的其他4个地方，分别是郾城区、召陵区、舞阳县、临颍县，范围较广，调研信息基本能够代表漯河的实际情况。

调研一共发放问卷240份，经过仔细筛选，剔除掉漏答、中途停止作答和问卷前后信息明显矛盾的无效问卷34份，共收回有效问卷206份。其中，临颍县58份、舞阳县48份、郾城区48份、召陵区52份，一共涉及10个乡镇22个村。问卷详细分布情况如表7-1所示。

由于此次调研对象为普通农户，部分调研内容涉及生态循环农业方面的专业术语，为了保证调研对象对问卷信息的准确理解及其客观填报，课题组采取一对一、面对面的入户式信息交流方式，在调研过程中，调研人员针对农户不理解的信息进行解答，以获取到最真实有效的问卷信息。

表7-1 调研问卷分布情况

县（区）	镇	村
临颍县58份	王孟镇11份	陈留西村11份
	城关镇17份	二里头村5份
		三里头村12份
	大郭乡30份	葛岗村16份
		张杨村14份
舞阳县48份	孟寨镇5份	周柴村5份
	姜店乡19份	孙湾村8份
		杨天池村11份
		魏集村4份
		邢庄6份
	太尉镇24份	五虎村4份
		楼堂村3份
		东郭庄3份
		二郎村4份
郾城区48份	裴城镇48份	三丁村17份
		东芮村13份
		西芮村18份
召陵区52份	召陵镇17份	归东村10份
		沟李村7份
	老窝镇31份	二村31份
	姬石镇4份	范寨村4份

7.2.2 调研内容

调研主要围绕以下内容展开。

7.2.2.1 农户基本情况

主要包括户主性别、户主年龄、受教育年限、家中农业劳动力数、距离乡政府距离、是否接受过施肥技术指导、所在村有无农业技术员、是否加入合作社、2016年农业收入、种植面积等。

7.2.2.2 农业废弃物利用情况

主要包括畜禽粪便的处理方式，小麦、玉米秸秆的处理方式，秸秆还田后农作物出苗情况以及病虫害情况，对秸秆还田的态度，附近是否有以秸秆为原料的单位，如何获得秸秆还田技术等。

7.2.2.3 农户对参与生态循环农业的认知及意愿

包括农户对生态循环农业效益的看法、自我学习生态循环农业技术的态度、是否考虑社会影响的意见、对政府相关政策的态度，以及对实行生态循环农业生产方式的态度等。

7.2.2.4 农户有机肥施用行为及化肥减量意愿

主要包括是否施用有机肥、是否愿意增加有机肥、是否愿意减少化肥用量、不愿意减少化肥量的原因、不愿意增加有机肥的原因、家里是否有沼气设备、如何处理沼液沼渣、施用沼肥后农产品产量、质量变化情况以及田里病虫害、土壤肥力的变化情况等。

7.2.3 样本信息的描述性统计分析

通过对农户及家庭基本情况的数据处理，得到表7-2所示的基本信息。

表7-2 农户及家庭基本情况统计

变量	极小值	极大值	均值	标准差
性别（女=0，男=1）	0	1	0.76	0.431
年龄	21	80	53.37	11.780
受教育程度（小学及以下=1，初中=2，高中=3，大专及以上=4）	1	4	2.08	0.991

（续表）

变量	极小值	极大值	均值	标准差
农业劳动人数	0	9	2.32	1.260
是否加入合作社（未加入=0，加入=1）	0	1	0.27	0.443
是否兼业（否=0，是=1）	0	1	0.78	0.418
种植总面积	1	70	10.47	12.083
2016年农业总收入	500	473 000	29 754.84	55 165.278
离乡政府距离	1	60	7.27	6.400
当地是否有技术员（否=0，是=1）	0	1	0.44	0.498
是否参与施肥技术培训（否=0，是=1）	0	1	0.41	0.494
是否担忧自种粮食安全性（绝不担忧=1，不担忧=2，一般=3，担忧=4，非常担忧=5）	1	5	3.23	1.428
是否有沼气池（否=0，是=1）	0	1	0.56	0.497

此次调研的206个对象中，男性户主156个，占75.5%；女性户主50个，仅占24.5%。农户以男性居多，这与中国大部分农村的实际情况吻合。户主年龄最小的为21岁，最大的为80岁，平均年龄为53.7岁，反映出调研地区以中老年户主居多。调查对象中，小学文化程度占30%，初中文化程度占48%，高中文化程度占8%，高中以上文化程度占14%。可见，该地区以初中文化程度的农户最多，其次是小学文化程度，高中及以上文化程度的农户数量相对较少，表明农业生产者总体教育水平偏低。家庭中从事农业劳动生产的人数最多为9个，平均人数不到3个，与中国农村普遍的小农户经营情况相符合。加入农民专业合作社的农户家庭为56户，仅占27%；未加入合作社的家庭为150户，占73%，说明当地农民专业合作社并不普及，仍有较大的发展空间。调查对象中，兼业农户有161户，占78%；非兼业农户有45户，仅占22%，说明绝大部分农户家庭都有从事农业以外的其他活动。家庭种植面积差异较大，最小面积1亩，最大面积70亩，平均面积10.47亩。调查中发现有部分农户家庭由于年轻成员外出打工，农业劳动力较少及土地流转收益较高等原因将承包地部分或全部流转给他人或组织；相反的，也有少数家庭承包较多土地专门从事种植业活

动。调查农户2016年农业总收入和离乡政府距离均差异显著。有56%农户表明当地有农业技术员，有59%的农户参加过施肥技术培训，说明农村基层仍然缺乏相应的农业种养殖技术支持和辅导的专业人员，农户参加施肥技术培训的积极性并不高。关于农户是否担忧自种粮食的安全问题，其中有72个农户表示绝不担忧和不担忧，所占比例为35%；31个农户态度为一般，占15%；表示担忧和非常担忧的农户有103个，占50%，反映出随着经济社会的发展，生活水平逐渐提高，农民对粮食安全问题也日益关注，越来越多的农户在生产经营决策中不仅只考虑农产品的产量，农产品的品质已慢慢进入他们的视野，也将影响他们的生产决策。调研对象中，115个农户家庭家中建有沼气池，占56%，其中郾城区农户沼气池拥有比率最多，达到88.7%，其次为临颍县79.3%，舞阳县55.9%，召陵区比率最低，为40.4%。基于沼气池的纽带作用，拥有沼气池的家庭能够更好地参与到生态循环农业的发展当中。

关于农户畜禽粪便处理、秸秆综合利用，农户对参与生态循环农业的认知及意愿，农户有机肥施用行为的数据信息将在后面的内容中分别列出。

7.3 农户参与生态循环农业现状

生态循环农业对经营者的生产方式、方法提出了新的要求。现阶段，农户参与生态循环农业的方式主要表现在两个方面：一是对畜禽粪便的再利用；二是对秸秆的综合再利用。对于畜禽粪便和秸秆这两类农业废弃物的综合利用情况在很大程度上反映了农户参与生态循环农业的现状。因此，本部分在对农户处理畜禽粪便和秸秆的调研数据分析的基础上，探析农户参与生态循环农业的基本现状及存在的问题。

7.3.1 农户处理畜禽粪便情况

畜禽粪便污染已经成为养殖业发展的主要制约因素，也是我国农业面源污染的主要污染源，防范畜禽养殖业造成的环境污染，让畜禽粪便"变废为宝"，对发展生态循环农业意义重大。目前我国畜禽粪便处理的方式主要有3种：肥料化处理、能源化处理和饲料化处理，其中肥料化处理是利用最广泛的方式。肥料化处理具体又包括未经处理直接还田、干燥后还田和有机肥还田3种方式。畜禽粪便资源化、无害化处理和综合利用是今后畜禽粪便处理的主要方向，对改善农业生态系统、提高农产品质量和减少环境污染具有积极作用。

为了解漯河地区农户的畜禽粪便处理情况，问卷中设计了题项。

您家如何处理人畜粪便？（　　）
a. 直接还田　b. 部分还田，部分扔掉　c. 扔掉　d. 沼气原料

经过对问卷信息的统计，形成如下数据，如图7-1所示。

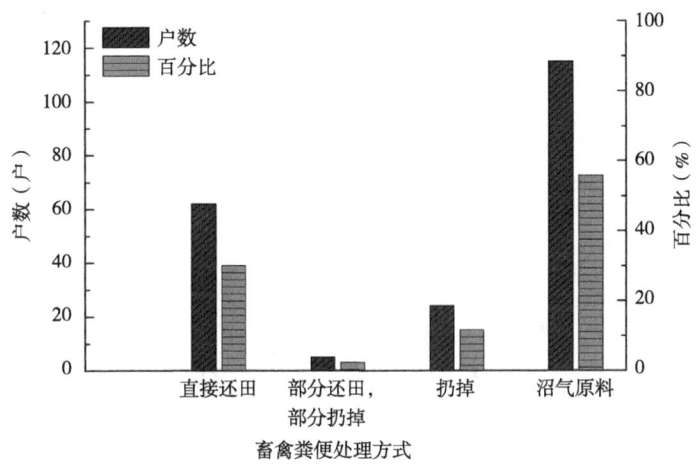

图7-1　畜禽粪便处理方式统计

如图7-1所示，在调研的206户中，将畜禽粪便作为沼气原料和全部还田的户数有177户，占总量的85.8%，即绝大多数的农户对畜禽粪便都做到了资源再利用；有24户将畜禽粪便全部扔掉，完全没有对畜禽粪便进行再利用，占总量的11.7%；有5户是部分还田、部分扔掉，仅占总量的2.4%。总体来说，调研地区畜禽粪便再利用在数量上达到了较好的效果，这与当地沼气池的推广以及农村生态环境的严格治理密切相关。但是有一个需要关注的问题是畜禽粪便直接还田这一最简单最原始的再利用方法容易造成农业的二次污染，从农业农村环境保护和提高资源效益的角度，加大有机肥生产是更好的方法。调研对象中有115户（占总量的55.8%）农户将畜禽粪便作为沼气原料加以利用，其余91户（占总量的44.2%）农户对畜禽粪便利用存在不科学、不充分或者完全丢弃的问题，其原因一方面在于他们还没有认识到畜禽粪便的经济价值以及生态意识欠缺，另一方面在于畜禽粪便再利用投入成本过高，例如沼气池的建

设、有机肥的生产都需要资金投入和技术投入，农户不愿意为此买单。此外，农户单家独户的畜禽粪便产量毕竟有限，没有办法实现有机肥规模生产，获得规模效益。因此，为了充分调动农民对畜禽粪便资源化处理的积极性，建议从三个方面着手加以推进：一是提升农户的环境保护意识，增强畜禽粪便价值的宣传；二是加大有机肥研制推广，鼓励、引导有志于开发环保产品的公司合作生产有机肥，实现有机肥专业化、产业化、高效率生产，从而降低农民有机肥使用成本；三是激励农户通过多种途径加入企业带动的生态循环农业模式当中，成为生态循环农业经营的一分子。

7.3.2 农户秸秆综合利用情况

秸秆综合利用是生态循环农业发展的具体任务之一，其中的秸秆还田技术又是国家重点推广的农业技术之一。我国秸秆资源丰富、分布广泛、产量巨大、供应稳定，如果能够将秸秆合理利用，必将产生显著的生态效益和经济效益。秸秆还田不仅可以提高土壤肥力、改良土壤性状、平衡土壤养分、减少环境污染、提高农产品品质，同时能够提高资源利用效率、节约生产成本。目前秸秆还田的方式主要有直接还田、过腹还田、堆沤还田。直接还田是利用机械将秸秆粉碎再还田。过腹还田是将秸秆作为饲料喂养家畜，经过家畜的消化吸收排泄后，其粪便作为肥料还田。堆沤还田是将秸秆制作成堆沤肥、沼液沼渣或用微生物腐熟发酵剂生产秸秆腐熟肥。目前秸秆直接还田是最直接最主要的还田方式。

为了解漯河地区农户秸秆还田的具体情况，笔者进行了详细的调研，通过对数据的整理发现，调研的206个农户家庭，小麦秸秆和玉米秸秆均是粉碎直接还田，还田率达到100%。漯河近年来秸秆还田的推广力度比较大，实施效果也非常好。据资料显示，2011年漯河地区的秸秆还田率仅为54.5%，2012年迅速上升至85%，2014年达到92.5%，2016年进一步提高至95%以上，2017年和2018年也基本保持在95%以上。以舞阳县为例，舞阳县有多年秸秆还田的历史，近年来又大力推广秸秆机械化还田，2016年秸秆还田率达到100%。通过多年的实践经验，农户也深切体会到秸秆还田减少环境污染、改良土壤肥力带来的好处，对秸秆还田已经从内心得到了认可和支持。

除了了解漯河地区秸秆还田基本情况，还有必要对秸秆还田后的效果加以了解。为此，设计了以下几个问题。

（1）秸秆还田有利于提高土壤肥力。（　　）
　　a.赞同　　b.部分赞同　　c.不赞同
（2）小麦秸秆还田后，农作物的出苗情况变化。（　　）
　　a.变好　　b.无明显变化　　c.变差
（3）玉米秸秆还田后，农作物的出苗情况变化。（　　）
　　a.变好　　b.无明显变化　　c.变差
（4）秸秆还田后，病虫害和以前相比（　　）。
　　a.明显增加　　b.增加一点　　c.没变化　　d.减少一点　　e.减少很多

对秸秆还田是否提高土壤肥力的统计数据如图7-2所示。

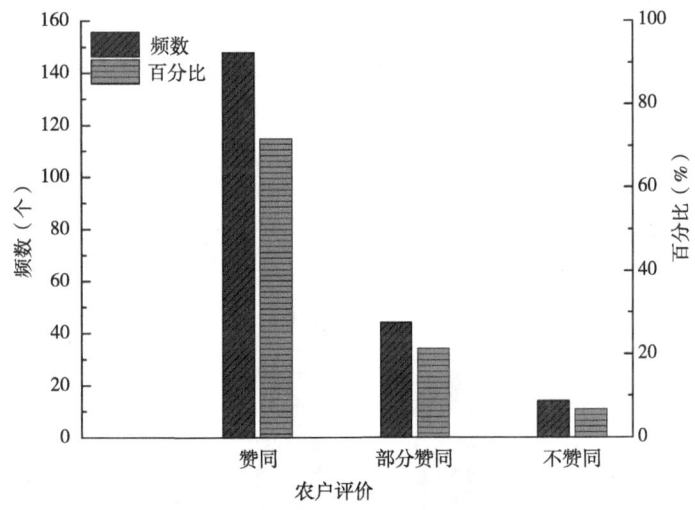

图7-2　提高土壤肥力统计

关于农户对于秸秆还田是否提高土壤肥力的评价，其中，有148个农户表现出赞同的态度，赞同率达到71.8%；基本赞同的人数为44个，占总体的21.4%；仅有14个农户认为秸秆还田不利于提高土壤肥力，占总量的6.8%。说明经过多年秸秆还田的生产实践，绝大多数农户基本上认识到了秸秆是一种有价值的优质资源，通过合理利用可以提高土壤肥力，这对农户自觉杜绝秸秆焚烧和乱丢乱放产生了强大的激励效应。

图7-3和图7-4分别显示了农户关于小麦秸秆还田和玉米秸秆还田后对农作物出苗情况影响的评价分布情况。

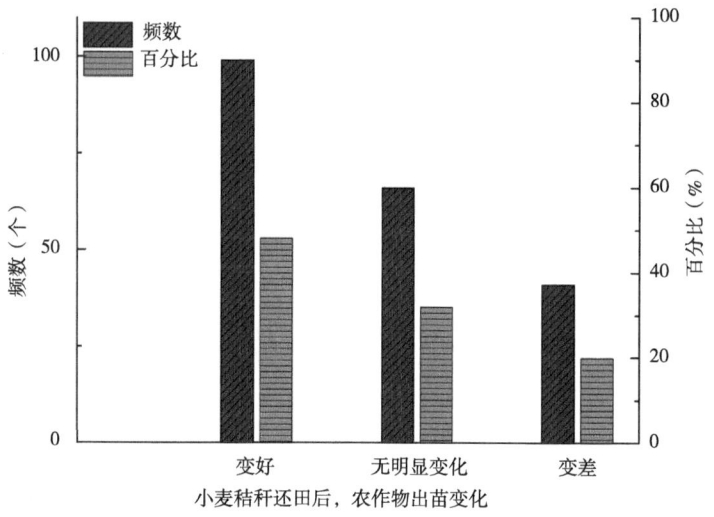

图7-3 小麦秸秆还田后出苗情况统计

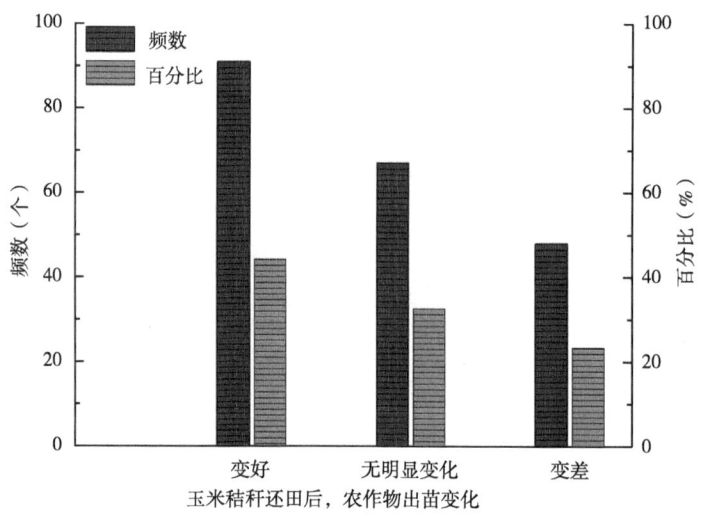

图7-4 玉米秸秆还田后出苗情况统计

图7-3显示，调研对象中，99个农户认为小麦秸秆还田后农作物出苗情况变好，占总量的48.1%；66个农户认为无明显变化，占总量的32%；其余41个农户认为农作物出苗情况变差，占19.9%。图7-4显示，玉米秸秆还田后，91个农户认为农作物出苗情况变好，占总量的44.2%；67个农户认为无明显变化，占总人数的32.5%；48个农户认为农作物出苗情况变差，占总量的

23.3%。农户对于小麦秸秆和玉米秸秆还田后，关于农作物出苗情况的影响评价不尽相同。总体来看，认为秸秆还田后农作物出苗情况变好的农户数量最多，其次为无明显变化，认为出苗变差的农户数量最少。

秸秆还田后，病虫害变化的统计如图7-5所示。

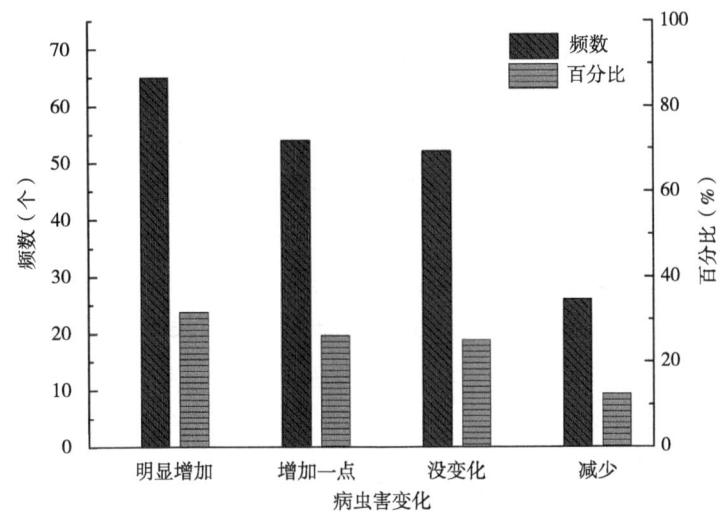

图7-5 病虫害变化统计

从图7-5可以看出，秸秆还田后，认为病虫害明显增加的农户数量最多，共有65个农户，占总量的31.6%；其次为增加一点，有54个农户，占总量的26.2%，即超过一半的农户认为秸秆还田后病虫害增加。52个农户认为病虫害没变化，占总量的25.2%；认为病虫害减少的有35个农户，仅占总量的17%。

农户是农业生产一线的从业者，他们对于秸秆还田对农作物出苗和病虫害的影响具有最直接、最真实的看法和感受，因此，以上数据在一定程度上反映了目前漯河地区秸秆还田后的真实效果。经过和农户沟通、查阅资料以及向专家咨询，基本了解到之所以出现农户对秸秆还田后出苗影响的不同评价，主要原因是农户在秸秆还田时采用的具体措施不同，如果秸秆没有粉碎或者粉碎后秸秆过长，还田后就不容易被翻埋到土壤中，在土壤中的腐烂分解时间也会延长，这样就会不利于后茬作物的出苗和幼苗的生长。此外，秸秆还田后也需要其他措施的配合，如深埋、施肥、浇水、添加腐熟剂等。多数农户认为秸秆还田后病虫害增加，这是因为很多秸秆都带有病虫害菌或者虫卵，如果没有经过任何处理直接粉碎还田，则必然导致后茬农作物病虫害的增加。因此，在秸秆还田前要进行杀菌消毒处理，而在调研中发现几乎所有的农户都没有对秸秆进行消毒杀菌处理，这就直接导致了病虫害的增加。

由以上分析可见，调研地区秸秆还田率已经达到了很高的水平，说明秸秆基本做到了资源再利用，但是，秸秆资源再利用的效果还不尽如人意。秸秆还田后对出苗和病虫害的影响暴露了当地农户对秸秆还田技术掌握得并不充分，目前还处于掌握秸秆还田技术的初级阶段，秸秆作为一种优质资源的全部作用还没有得到充分发挥。要解决这一问题，首先要以政府为主导加大秸秆还田技术的推广，向农户全面宣传、详细讲解秸秆还田的技术和要求，而不是仅仅停留在提高秸秆还田率的简单层面。其次，加强秸秆还田技术的深入研发，形成一整套集秸秆收集、粉碎、灭菌、还田于一体的集成化易操作技术，提升秸秆还田的质量效益。最后，进一步提升农民的生态意识，在秸秆还田等技术推广中有机地融入生态循环农业理念的宣传、推广，让农民把生态经营作为一种行为自觉。

7.4 农户参与生态循环农业意愿实证分析

上一节中对农户参与生态循环农业的现状做了统计分析，为了提高农户参与生态循环农业的意愿，本书将进一步从整体上探究农户参与生态循环农业的意愿及其影响因素。

7.4.1 理论依据与研究假设

7.4.1.1 技术接受模型

Fishbein和Ajzen于1967年提出了理性行为理论（theory of reasoned action，TRA），其目的在于对有关态度影响行为的理论进行整合。1989年，Fred Davis在理性行为理论的基础上，提出了技术接受模型（technology acceptance model，TAM），其目的在于解释说明用户对计算机广泛接受的决定性因素。TAM理论包含5个基本变量，分别是感知有用性、感知易用性、接受意愿、接受态度和接受行为，其中，感知有用性和感知易用性是最为核心的两个因素。该理论认为人是否采纳某种行为是由其行为意向决定的，行为意向由行为者对该行为的态度决定，而态度由行为者感知的有用性和感知的易用性决定。基本模式如图7-6所示。

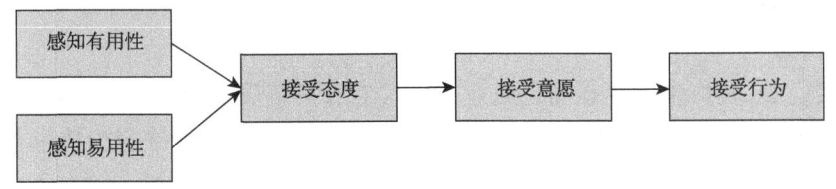

图7-6 TAM基本模式

后来，经过其他学者的拓展、丰富和完善，该模型引入了社会影响变量、便利条件变量、结果展示变量等，模型的解释能力逐渐增强。

虽然技术接受模型最初是为了解释用户对信息技术的使用行为，在实际应用过程中它的解释范围不断拓展，农户对于一种新的生产方式的接受意愿也可以借鉴该理论。基于此，本章以技术接受模型理论为基础，结合研究目的以及实际获取信息情况，选取感知有用性、感知易用性、社会影响、政策导向等变量作为潜变量，试图探究这些因素和农户参与生态循环农业意愿之间的关系机理。

7.4.1.2 研究假说

假说1：农户感知生态循环农业技术的易用性对感知发展生态循环农业的有用性和农户接受意愿均有显著的正向影响。

感知易用性是指农户对和发展生态循环农业密切相关的一系列技术、操作方法的难易程度的评价，也包括农户对客观条件便利性的认知。感知有用性是指农户认为采纳新技术以及按照生态循环农业方式生产时，能够给他们的工作绩效带来的好处。Davis等（1989）认为，不管新技术的难易程度如何，都需要潜在采纳者付出必要的精力和时间来理解，一般地，采纳者经过需求判断、个人感觉和价值评价的过程来判断新技术对于自己而言是否易用。Igbaria等（1997）和Sorebo等（2008）的研究表明，感知易用性对感知有用性起到正向影响作用，引申到本文的观点，即当农户认为生态循环农业技术易用时，会加强他们对有用性的感知，而且他们的采纳意愿也会随之提高。李后建（2012）研究表明，农户对循环农业技术的感知易用性对感知有用性以及技术的采纳意愿都有显著的正向影响。何可等（2013）通过对生物资源减碳化利用需求和影响机理作了实证分析，结果表明农户感知有用性和农户生物质资源减碳化利用需求都受到感知易用性的正向影响。因此，提出农户感知生态循环农业技术易用性对感知实行生态循环农业的有用性和农户接受意愿有显著的正向影响这一研究假说。

假说2：农户感知生态循环农业有用性对农户接受意愿有显著正向影响。

农户作为理性的经济人，当他们采用某一行为时会对该行为能够带来的成本收益进行比较，如果预期某项活动效益越大，他们的接受意愿就会越强。Wang等（2006）和López-Nicolás等（2008）的研究均表明，感知有用性对新技术采纳的意愿具有显著正向影响作用。李后建（2012）的研究也证实了农户感知有用性正向影响循环农业技术采纳意愿。因此，本研究提出假说，农户感知生态循环农业有用性对农户接受意愿有显著正向影响。

假说3：社会影响对农户感知生态循环农业技术的易用性、有用性以及对生态循环农业接受意愿均有正向影响。

农村具有复杂的社会网络关系，每一个人的行为都容易受到周围社会关系的影响。在本研究中，考虑乡邻、致富大户以及农业技术员等的意见对农户意愿的影响。同时，社会影响还可能影响感知易用性和有用性。何可等（2013）的研究表明社会影响对农户感知易用性有显著正向影响。因此，本研究提出假说，社会影响对农户感知生态循环农业技术易用性、有用性以及生态循环农业接受意愿具有正向影响作用。

假说4：政策导向对农户感知易用性、有用性、社会影响以及接受意愿有正向影响。

生态循环农业政策是影响农户行为决策的重要因素，每一项政府政策都建立在对现实问题的统筹分析之上，具有明确的政策目标和政策措施。政策具有权威性、客观性和有用性，人们往往对政策充满敬意和认同感。近年来国家出台各种政策，从资金、技术、人才等各方面给予大力支持、引导生态循环农业的发展，不仅增强了农户对其有用性的认知，而且产生了一定的社会影响。因此，本研究提出假说，政策导向对农户感知生态循环农业易用性、有用性、社会影响以及接受意愿有正向影响。

7.4.2 问卷设计与研究方法

7.4.2.1 问卷设计

为了验证感知易用性、感知有用性、社会影响以及政策导向的相互关系及其对农户实行生态循环农业意愿的作用，选取合适的方法，利用2017年8月在河南漯河调研的数据来开展研究。问卷内容主要涉及农户对发展生态循环农业的认知及意愿，该部分设计了5个潜变量，16个具体题项，具体解释如下。

（1）农户对发展生态循环农业的感知有用性这一潜变量通过4个可观测变量来反映，分别是农户对发展生态循环农业能够带来更高的经济收入、节约资源、减少环境污染和有利于人体健康等的态度。收入、成本、环境、身体健康基本涵盖了农户是否实施某一行为抉择所关注的问题，因而被用来作为感知有用性的可观测变量。

（2）本研究用获取沼液沼渣难易程度、施用有机肥技术难易程度以及学习生态循环农业新技术难易程度来反映农户感知易用性这一潜变量。之所以选取这3个变量，是考虑到当地生态循环农业的主要形式是以沼气池为纽带的"四位一体"模式，因此，结合当地情况选择了有机肥获取的难易程度、有机肥技术难易程度来反映感知易用性，另外，生态循环农业新技术又不仅限于施肥技术，还有诸如测土配方施肥、合理轮作、节水灌溉等，故而在测量变量中加入了第三项。

（3）人们面临着复杂的社会关系网络，农户的关系网络更是以地缘、亲缘、血缘关系为主，他们的行为容易受到与之接触密切的乡邻的影响，也会积极参考致富大户的成功经验，同时，他们对村里农业技术员的专业意见通常也比较认可。因此本研究用"是否采用生态循环农业技术，我会考虑乡邻的意见、致富大户的意见以及农业技术员的意见"来反映社会影响这一潜变量。

（4）农业发展从来离不开政策引导，考虑到当地生态循环农业目前所处的阶段、具体措施及其农户的理解力，本研究用"当地政府对农业废弃物随意排放监管到位、对焚烧秸秆有实质性惩罚、对沼气池建设补贴完善和对农业废弃物资源化补贴完善"这4个可观测变量来反映潜变量政策导向。

（5）农户对参与生态循环农业的意愿一般可通过农户具体的生产方式、采用的技术以及对农业新理念、新信息的关心情况来反映，因此设计题目"您是否愿意实行生态循环农业生产方式、您是否愿意学习生态循环农业新技术、您是否愿意了解生态循环农业方面的新信息"来反映农户的意愿这一潜变量。

问卷采用Likert等级量表调查农户的主观感受，表7-3详细列出了潜在变量、可观测变量涉及题目的情况。

表7-3 潜在变量、可观测变量涉及题目

潜变量及符号	可观测变量及符号	可观测变量涉及题目	可观测变量赋值
感知有用性（PU）	PU1 PU2 PU3 PU4	发展生态循环农业能够带来更高的经济收入 发展生态循环农业能够减少环境污染 发展生态循环农业能够节约资源 生态循环农业产品有利于人体健康	非常不同意=1，不同意=2，一般=3，同意=4，非常同意=5
感知易用性（PEOU）	PEOU1 PEOU2 PEOU3	从附近获取有机肥（沼液、沼渣）非常容易 施用有机肥技术对我来说很容易 学习采纳生态循环农业的新技术对我来说很容易	非常不同意=1，不同意=2，一般=3，同意=4，非常同意=5
社会影响（SI）	SI1 SI2 SI3	是否实行生态循环农业生产方式，我会考虑乡邻的意见 是否实行生态循环农业生产方式，我会考虑致富大户的意见 是否实行生态循环农业生产方式，我会考虑农业技术员的意见	非常不同意=1，不同意=2，一般=3，同意=4，非常同意=5
政策导向（POLICY）	POLICY1 POLICY2 POLICY3 POLICY4	当地政府对农业废弃物随意排放监管到位 当地对焚烧秸秆有实质性惩罚 当地对沼气池建设补贴完善 当地对农业废弃物资源化补贴完善	非常不符合=1，不符合=2，一般=3，比较符合=4，非常符合=5
意愿（INTENT）	INTENT1 INTENT2 INTENT3	您是否愿意实行生态循环农业生产方式 您是否愿意学习生态循环农业新技术 您是否愿意了解生态循环农业方面的新信息	非常不愿意=1，不愿意=2，一般=3，愿意=4，非常愿意=5

7.4.2.2 研究方法

结构方程模型（structural equation modeling，SEM），也称潜在变量

模型（latent variable models，LVM）（Moustaki等，2004），早期称为线性结构关系模型（linear sturctural relationship model）、协方差结构分析等（covariance structure analysis）。结构方程模型属于多变量统计模型，它整合了因素分析与路径分析两种统计方法，为难以直接观测的潜变量提供了一个可以观测和处理的分析工具，可以同时处理多个因变量，并允许自变量和因变量均包含测量误差，弥补了传统统计方法的不足，出现后迅速成为多元数据分析的重要工具。农户对生态循环农业的认知和意愿属于农户的主观感受方面的认识，具有难以直接测量与难以避免主观测量误差的特点。因此，可选择结构方程模型来分析影响农户实行生态循环农业意愿的主要因素。

结构方程模型是一种验证性的分析方法，分析时首先需要在理论引导下建构假设模型图，而这些假设必须有理论或经验法则的支持，所以SEM被视为一种验证性而非探索性的统计方法。结构方程模型中有两个基本的模型：测量模型（measured model）和结构模型（structural model）。测量模型是指反映潜变量和显变量之间关系的模型，结构模型是反映潜在变量间之间因果关系的模型。

（1）结构模型矩阵方程表达形式：

$$\eta = B\eta + \Gamma\xi + \zeta \quad \text{（式7-1）}$$

式中，η为内因潜在变量；ξ为外因潜在变量；B为内因潜在变量与内因潜在变量间的回归系数矩阵；Γ为外因潜在变量与内因潜在变量间的回归系数矩阵；ζ为内因潜在变量无法为外因潜在变量解释的部分，也叫作残差。

（2）测量模型的矩阵方程式：

$$\begin{aligned} Y &= \Lambda_y \eta + \varepsilon \\ X &= \Lambda_x \xi + \delta \end{aligned} \quad \text{（式7-2）}$$

式中，Y和X分别为η和ξ的可观测变量；Λ_y为内生潜在变量与其可测变量的关联系数矩阵；Λ_x为外因潜在变量与其可测变量之间的关联系数矩阵；ε和δ为残差项。

通过测量模型，潜在变量则就可以由可测变量来反映。

基于前面的研究假说，本书的理论模型如图7-7所示。

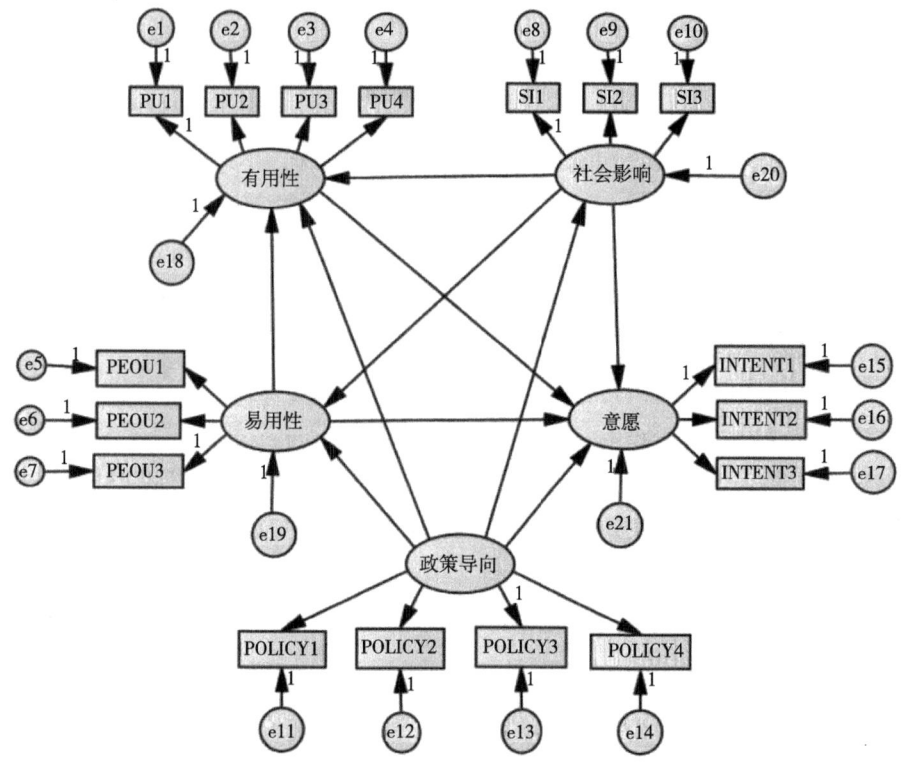

图7-7 研究模型

7.4.3 模型拟合

根据Bagozzi等（1988）的观点，分析假设模型和实际数据是否契合时，需要同时考虑3个方面：基本适配度指标、整体模型适配度指标和模型内在结构适配度指标。模型整体适配度针对的是模型外在质量的检验，模型内在结构适配度针对的是模型内在质量的检验，主要通过信度和效度来测量。

本研究使用Amos22.0软件作为SEM模型分析的工具。在进行模型拟合时发现，感知有用性（PU）中的观测变量生态循环农业产品有利于人体健康（PU4）和政策导向（POLICY）中的观测变量当地对农业废弃物资源化补贴完善（POLICY4）的因子负荷量小于0.5，根据Bagozzi等（1988）的观点，潜在变量和其测量指标间的因素负荷量值最好介于0.5~0.95，故将PU4和POLICY4这两个题目删除。表7-4显示，其余潜在变量与其测量指标间的因素负荷量值均在0.5~0.95，符合要求，因此将这些题项予以保留。

表7-4 潜在变量与测量指标间的因素负荷量值

潜变量	有用性 （PU）		感知易用性 （PEOU）		社会影响 （SI）		政策导向 （POOLICY）		意愿 （INTENT）	
测量指标 及因子载 荷系数	PU1	0.74	PEOU1	0.54	SI1	0.67	POLICY1	0.93	INTENT1	0.64
	PU2	0.61	PEOU2	0.80	SI2	0.89	POLICY2	0.69	INTENT2	0.85
	PU3	0.78	PEOU3	0.78	SI3	0.63	POLICY3	0.59	INTENT3	0.80

7.4.3.1 整体模型适配度评价

Hair等（1998）将整体模型适配度评估分为3类，即模型绝对适配度测量、增值适配度测量和简约适配度测量，在进行适配度评估时，需要同时考虑以上3种指标。模型绝对适配度测量指标主要包括良适性适配指标（GFI）、调整后适配度指数（AGFI）、残差均方和平方根（RMR）、渐进残差均方和平方根（RMSEA）、期望跨效度指数（ECVI）以及卡方自由度比（NC值）。增值适配度指标主要包括规准适配指数（NFI）、相对适配指数（RFI）、增值适配指数（IFI）、非规准适配指数（TLI）以及比较适配指数（CFI）。简约适配度测量指标则主要包括简约调整后的规准适配指数（PNFI）、简约适配度指数（PGFI）、Akaike讯息指标（AIC）、AIC指标的调整值（consistent Akaike information，CAIC）以及临界样本数（CN值），CN值的判别标准一般要求大于200。

利用Amos22.0软件对模型进行拟合，得到适配度信息，同时列出评价标准，如表7-5所示。

表7-5 SEM整体适配度的评价指标体系及拟合结果

统计检验量		实际拟合值	标准	结果
绝对适配度 指数	GFI	0.914	>0.9	理想
	AGFI	0.871	>0.9	接近
	RMR	0.069	<0.05	接近
	RMSEA	0.069	<0.05（适配良好） <0.08（适配合理）	合理
	ECVI	1.157，1.171，5.834	理论模型值应小于独立模型和饱和模型值	理想

（续表）

统计检验量		实际拟合值	标准	结果
增值适配度指数	NC值	1.965	1~3	理想
	NFI	0.865	>0.9	接近
	RFI	0.823	>0.9	接近
	IFI	0.929	>0.9	理想
	TLI	0.905	>0.9	理想
	CFI	0.927	>0.9	理想
简约适配度指数	PGFI	0.706	>0.5	理想
	PNFI	0.659	>0.5	理想
	AIC	237.165，240，1 195.942	理论模型值应小于独立模型和饱和模型值	理想
	CAIC	410.28，759.345，1 260.861	理论模型值应小于独立模型和饱和模型值	理想
	CN值	206	>200	理想

表7-5显示，模型的整体拟合度较好，绝大多数指标都达到理想状态，这说明本研究提出的因果关系模型与实际调查数据契合。

7.3.3.2 模型内在结构适配度评价

Bollen（1989）指出尽管有时候整体模型的适配度达到契合，但是涉及的个别参数的解释也可能没有意义，因此，有必要对每一个参数进行深入分析，以确保理论验证的正确性。对模型的内在结构适配度做评价，需要对测量模型以及结构模型均做评价。测量模型的评价重点在于关注测量变量能否足够反映其对应的潜在变量，这种情况下，需要了解潜在建构的效度和信度；而结构模型的评价则是针对理论建构阶段所提出的因果关系是否能够成立。

（1）测量模型的评价。测量变量反映其对应潜在变量的程度高低主要通过效度和信度来检验。效度用来反映指标变量对于其想要测量的潜在特质实际测量的程度，信度是指测量的一致性。组合信度主要用来评价一组潜在构念指标的一致性程度，评价中此信度越高，则表示测量指标间有高度的内在关联，反之，如果组合信度低，测量指标间的内在关联程度也较低。Bagozzi等

(1988)认为组合信度在0.6以上,就表示潜在变量的组合信度良好。

组合信度的计算公式如下:

$$\rho_c = \frac{(\Sigma\lambda)^2}{\left[(\Sigma\lambda)^2 + \Sigma(\theta)\right]}$$ (式7-3)

式中,ρ_c为组合信度;λ为标准化因素负荷量;θ为误差变异量。根据此公式计算得出各因子的组合信度。

Hair等(1998)认为当Cronbach's系数值大于0.7时表明信度较好。潜在变量平均方差抽取量(average variance extracted,简称AVE)用于表示相较于测量误差变异量的大小,潜在变量构念能够解释指标变量变异量的程度。AVE值如果大于0.5,则表示指标变量可以有效反映其潜在变量,可以认为该变量具有良好的信度与效度。

AVE值的计算公式如下:

$$\rho_v = \frac{(\Sigma\lambda^2)}{\left[(\Sigma\lambda^2) + \Sigma(\theta)\right]}$$ (式7-4)

根据此公式计算得出各因子的平均方差抽取值。

此外,效度也可通过因子分析的KMO值的大小和Bartlett's球形检验来判断,KMO值一般要求大于0.6。本文利用SPSS软件及通过相关计算得到了各指标的实际值,如表7-6所示。

表7-6 信度和效度检验

因子	题目	科隆巴赫系数	组合信度	平均方差抽取量	KMO	Bartlett's检验(显著性)
有用性	PU1 PU2 PU3	0.750	0.756	0.511	0.682	150.732 (0.000)
感知易用性	PEOU1 PEOU2 PEOU3	0.727	0.755	0.513	0.644	152.564 (0.000)
社会影响	SI1 SI2 SI3	0.731	0.779	0.546	0.643	169.338 (0.000)

（续表）

因子	题目	科隆巴赫系数	组合信度	平均方差抽取量	KMO	Bartlett's检验（显著性）
政策导向	POLICY1 POLICY2 POLICY3	0.743	0.789	0.563	0.654	180.337 （0.000）
意愿	INTENT1 INTENT2 INTENT3	0.804	0.810	0.591	0.684	210.436 （0.000）

表7-6显示，各个指标均达到了要求，量表具有良好的信度和效度，适合进行SEM模型分析。

（2）结构模型的评价。结构模型适配度评价主要关注概念性阶段所提的因果模型关系是否可以被实证数据所支持，它要求潜在变量间路径系数所代表的参数的符号（正号或者负号）必须与原先研究者所提的理论假说的参数符号一致。如果原先期望的参数符号与实际拟合数据相反，则此条路径最好删除。对AMOS的输出结果进行审查，发现政策导向→有用性与政策导向→意愿两条路径的回归系数为负，与假说模型的期望正好相反，故将此两条路径加以删除。

7.4.4 模型路径分析

通过Amos22.0软件计算，得到如下结构方程模型结果。图7-8中显示的是标准化的路径系数。

表7-7中详细展示了所估计的参数结果，包括未标准化回归系数（Unstd.）、标准误（S.E.）、临界比（C.R.）、以及标准化回归系数。临界比（C.R.）值与非标准化回归系数值与标准误（S.E.）的比值相等，即相当于t检验值，如果该比值的绝对值大于1.645，则表示参数估计值达到0.1的显著性水平，临界比绝对值大于1.96，则表示参数估计值达到0.05的显著性水平，如果临界比绝对值大于2.58，则参数估计值达到0.01的显著水平，如果临界比绝对值大于3.291，则表示参数估计值达到0.001的显著水平。

7 生态循环农业模式运行的参与机制

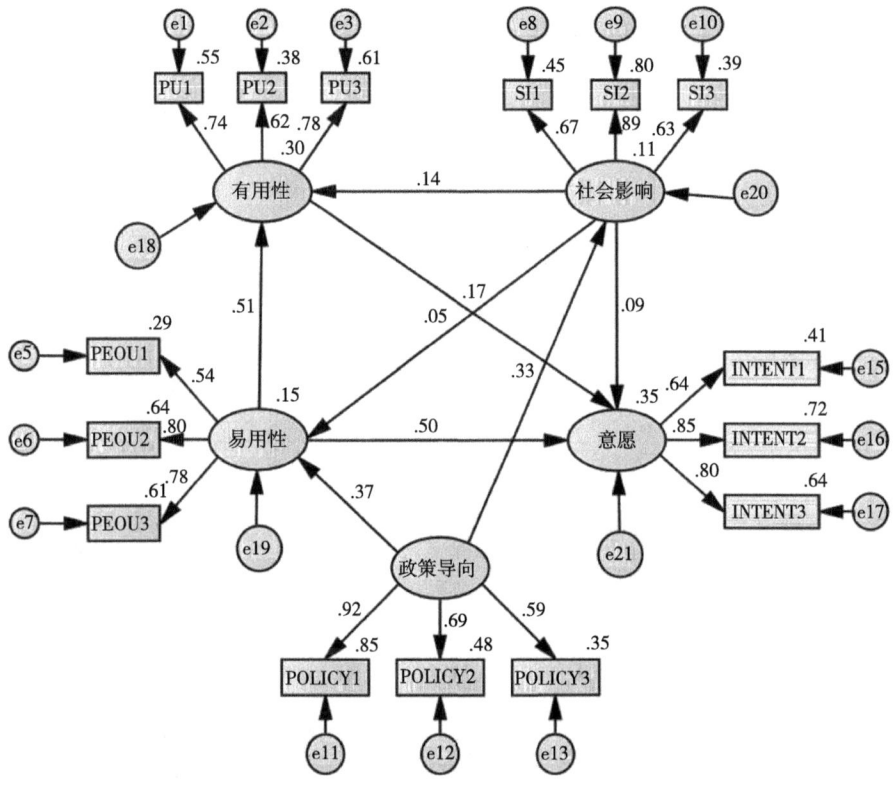

图7-8 结构方程模型分析结果

观察表7-7中结果可知,有用性←社会影响这一路径系数通过了0.1的显著性水平检验,意愿←有用性通过了0.05的显著性水平检验,社会影响←政策导向、易用性←政策导向、有用性←易用性、以及意愿←易用性等4条路径通过了0.001的显著性水平检验,且回归系数均为正值,其余路径未通过检验,说明假说不成立。所有测量模型系数均通过了0.001的显著性水平检验。下面对结构方程模型拟合的数据结果进行分析。

表7-7 结构方程模型路径系数与假说验证

结构模型	模型参数估计				
	非标准化回归系数	标准误	临界比	标准化回归系数	检验结果
社会影响←政策导向	0.376	0.104	3.598	0.326	成立
易用性←社会影响	0.061	0.101	0.607	0.053	不成立
易用性←政策导向	0.488	0.125	3.902	0.367	成立

（续表）

结构模型	模型参数估计					检验结果
	非标准化回归系数	标准误	临界比	标准化回归系数	
有用性←易用性	0.432	0.081	5.310	0.506	成立
有用性←社会影响	0.137	0.080	1.712	0.140	成立
意愿←易用性	0.279	0.062	4.525	0.502	成立
意愿←有用性	0.148	0.065	2.277	0.165	成立
意愿←社会影响	0.057	0.049	1.162	0.089	不成立

测量模型	模型参数估计					检验结果
	非标准化回归系数	标准误	临界比	标准化回归系数	
PU1←有用性	1.000	—	—	0.743	
PU2←有用性	0.614	0.082	7.449	0.616	
PU3←有用性	0.840	0.101	8.326	0.780	
SI1←社会影响	1.000	—	—	0.668	
SI2←社会影响	1.161	0.147	7.890	0.892	
SI3←社会影响	0.453	0.059	7.684	0.627	
PEOU3←易用性	1.000	—	—	0.782	
PEOU2←易用性	1.020	0.107	9.538	0.801	
PEOU1←易用性	0.856	0.123	6.965	0.535	
INTENT1←意愿	1.000	—	—	0.641	
INTENT2←意愿	1.595	0.178	8.949	0.851	
INTENT3←意愿	1.350	0.152	8.852	0.801	
POLIC3←政策导向	1.000	—	—	0.592	
POLIC2←政策导向	0.787	0.102	7.728	0.692	
POLIC1←政策导向	1.065	0.139	7.653	0.923	

7.4.4.1 结构模型结果分析

与预期一致，农户感知生态循环农业技术的易用性对于感知有用性具有显著正向影响，而且它对农户接受意愿也有显著的正向影响。因此，假说1得到验证。

与预期一致，农户感知生态循环农业有用性对农户接受意愿有正向影响，标准化回归系数是0.165，说明影响较微弱。出现这一结果的原因可能是尽管农户在一定程度上能够认识到生态循环农业的作用和意义，但是农户出于自身利益的考虑和对风险的规避，认为新的农业技术、新的耕作要求需要付出较高的成本，比如对于那些不方便获得免费或廉价沼液、沼渣有机肥的农户来说，购买市场上的有机肥相对成本会增加。而如果减少化肥用量又担心产量下降，因此，这也导致了普通农户感知生态循环农业易用性对意愿的敏感度高于有用性。

社会影响对农户感知生态循环农业有用性有正向影响，但影响比较微弱，而社会影响对易用性和意愿没有通过显著性检验。通过与农户的深入访谈，获悉农户虽然受到周围乡邻、致富大户和农业技术员的影响确实承认生态循环农业的好处，但是由于农户大多年龄偏大、文化水平低下、学习和接受能力较弱，他们认为自己要掌握和运用生态循环农业新技术并非易事，这就限制了他们发展生态循环农业的意愿。虽然社会影响对意愿影响不显著，但是它通过有用性的中介作用对意愿产生间接影响。

政策导向对农户感知生态循环农业技术易用性和对社会影响均有显著正向影响，回归系数分别为0.367和0.326，表明其影响程度相当。政策导向和意愿之间没有直接关系，但是通过易用性的中介作用对意愿产生间接影响。

7.4.4.2 测量模型结果分析

测量模型揭示了潜变量与观测变量之间的关系，这些相互关系归纳如下。

（1）本节研究通过农户对发展生态循环农业能够带来更高的经济收入、减少环境污染以及节约资源等的态度来反映农户感知有用性，其标准化路径系数分别为0.743、0.616、0.780，这3个观测变量在反映农户生态循环农业感知有用性认知上影响程度由高到低依次为节约资源、提高经济收入、减少污染，这与实际基本吻合。调研中发现大部分农户对生态循环农业这一概念并不很清楚，为了让农户有直观的理解，进而做出正确的判断，调研员用农户熟悉的事物来解释生态循环农业及其技术，如施用有机肥、减少化肥农药使用、节水灌溉、秸秆还田、畜禽粪便再利用等。通过跟农户深入的交谈，发现农户对生态循环农业节约资源认同度很高。例如，206户调查对象中，其中有109户施用有机肥，而施用有机肥的农户基本上都是施用自家的沼液、沼渣或者是从附近企业或大户那里免费获得的沼液、沼渣，这样的行为降低了农户的成本投入，节约了资源。再包括节水灌溉、减少化肥农药投入的要求，农户自然理解为可以节约资源。农户对减少环境污染的评价最低，这也符合农户的认知情况。农户由于文化素质较低，生活状况偏差，他们目前对农业生产还处于更加关注减少成本、增加收入的认知阶段，而对于环境问题还没有形成较为全面、透彻的认识，故而对环境污染的感知最低。

（2）本节研究用获取沼液沼渣难易程度、施用有机肥技术难易程度以及学习生态循环农业新技术难易程度来反映农户感知易用性这一潜变量。3个测量变量中，施用有机肥技术难易程度（标准化路径系数为0.801）是农户感知易用性潜变量中最重要的因素，而作用最弱的是获取有机肥难易程度（标准化路径系数为0.535）。调研发现，有机肥技术，例如农家肥、沼液沼渣等施肥技术对于常年从事农业生产的农户来说并没有多大难度，何时施肥、如何施肥基本都是农户务农经验的总结。获取有机肥难易程度作用最弱，这是因为除了家里自建沼气池的农户获取沼液沼渣容易之外，其他农户基本都存在获取有机肥困难的问题，这也成为他们是否施用有机肥的关键决定因素。因此，如果采取有效方法提高农户使用有机肥的便利条件，将有助于提升农户的感知易用性，进而促进其实行生态循环农业生产方式的意愿。

（3）在社会影响的测量变量中，考虑致富大户的意见（标准化路径系数为0.892）是最显著的因素，这一结果符合农民行为选择的实际情况。致富大户是农业生产中的佼佼者，他们的成功经验往往在当地会产生示范效果和引领作用，比起普通乡邻的意见和农业技术员的意见，农户更相信致富大户实实在在的成功经验。

（4）潜变量政策导向通过农户对"当地政府对农村生态环境问题监管到位、对焚烧秸秆有实质性惩罚、对沼气池建设补贴完善"等的评价来反映。当地政府对农村生态环境问题监管到位（标准化路径系数为0.923）是潜变量政策导向中最显著的因素，其次是焚烧秸秆实质性惩罚（标准化路径系数为0.692），最后是沼气池补贴完善（标准化路径系数为0.592）。调研中通过和农户交谈，了解到农户普遍认为当地政府对农村生态环境问题监管严格，例如对乱倒生活垃圾、畜禽粪便，以及焚烧秸秆等都有严格的治理措施。农户关于沼气补贴的评价对政策导向的作用最弱，一方面，是没有沼气池的农户认为政府对沼气池建设没有给予足够的支持；另一方面，已建沼气池的农户认为补贴数额偏少。因此，调研地区如果设计出令农户满意的补贴方案，就可以较大地改善农户对政策导向的态度，从而有利于提高农户发展生态循环农业的意愿。

（5）"农户参与生态循环农业意愿"潜在变量对测量指标"您是否愿意实行生态循环农业生产方式、您是否愿意学习生态循环农业新技术、您是否愿意了解生态循环农业方面的新信息"的标准化路径系数分别为0.641、0.851、0.801。农户学习生态循环农业新技术的意愿和了解生态循环农业方面新信息的意愿，这两个可观测变量在反映农户参与生态循环农业的意愿上的影响程度差不多，而农户实行生态循环农业生产方式的意愿较前两者的作用要微弱一些。调研中发现，农户对于生态循环农业基本都持有认可的态度，因此，农户也认为有必要学习生态循环农业新技术和了解新信息，尤其是较年轻人的认同度更高。但是，从了解新信息、学习新技术到真正实行新的生产方式，这中间还受到诸多因素的影响，如农户多年来惯性生产方式的固化，对新鲜事物的不确定性，以及观望态度等都使其实行新的生产方式的意愿受到制约。正因为如此，在了解生态循环农业新信息、学习生态循环农业新技术和实行生态循环农业生产方式之间架起一道桥梁，让农户能够将想法顺利地转化为实际行为，能够成功地学以致用。这就需要政府的宣传、引导以及实实在在的政策支持，打消农民的顾虑，通过各种方式鼓励农民改变传统生产方式，采纳新的生产方式。本章的研究认为，要提高农户实行生态循环农业生产方式的意愿，很重要的一点是逐步改善农业农村市场环境，改变人们的固有观念，让农业成为一个真正有前途的产业，让农民成为令人羡慕的一个职业，只有这样才能吸引越来越多的能人志士进入农业领域，改善农村从业者普遍存在的年龄大、素质低的状况，只有这样才能从根源上提高农民参与生态循环农业的自觉意愿和动机。

7.4.5 政策启示

以河南省漯河市2区2县的206个分散农户为样本，引入TAM理论分析框架，并对其进行拓展，基于结构方程模型探讨农户参与生态循环农业的意愿。本章的研究结果证实了农户感知生态循环农业技术易用性对感知生态循环农业有用性以及农户参与生态循环农业意愿均有显著的正向影响。农户感知生态循环农业有用性对农户参与生态循环农业意愿有微弱影响。社会影响对农户感知生态循环农业技术有用性有正向影响，并通过感知有用性的中介作用对参与意愿产生正向影响。政策导向对感知易用性和社会影响有显著的正向影响，政策导向通过感知易用性的中介作用对参与意愿产生影响，同时通过社会影响和感知有用性的中介作用对参与意愿产生影响。

根据以上结论，可获得如下政策启示。

（1）政府实施有效措施提升农户对生态循环农业有用性和技术易用性的认知。农户是否愿意参与生态循环农业与其对生态循环农业技术易用性和有用性的判断密切相关。如果农户认为采用生态循环农业技术难度很大，生态循环农业带来的效益有限，其参与生态循环农业的意愿必然不高。反之，他们的参与意愿就会增强。因此，建议以政府为主导，提高农户对生态循环农业易用性和有用性的认知。例如，政府可通过提高农村基础设施条件，如修建沼气工程、完善农村道路交通网络、完善农村社会化服务体系等方式增强农户对生态循环农业技术易用性的认知；通过宣传、培训、示范教育等多种方式提升农户对发展生态循环农业有用性的认知，从而提高农户参与生态循环农业的意愿。

（2）持续发挥政策导向对生态循环农业发展的引领作用。长期以来常规农业的粗放式经营已经带来严峻的生态、资源和环境问题，转变农业生产方式迫在眉睫，如果我们只是依靠农民和其他农业组织的自觉来改变生产方式，那将是一个漫长而危险的过程。因此，在目前的形势下，我们必须一方面通过政府的宣传引导来逐渐转变农业生产经营者的观念和行为，另一方面必须运用强有力的政策手段来改变农民的惯性行为和固有观念，如对农村生态环境问题进行严格监管、对焚烧秸秆进行实质性惩罚、对沼气池建设进行合理补贴。政府的正向激励和反向约束政策，必然会影响农民改变自己的行为。

（3）充分发挥致富大户的示范作用。农村社会是一个熟人社会，农户往往愿意仿效身边成功人士的经验和做法，如致富大户在农村就是一类显著、特殊而且成功的群体，农户对他们比较熟悉，也愿意向他们学习。因此，在推广生态循环农业技术和生产方式时，可将农村致富大户作为重点对象，以点到面，通过他们的示范效应引起农户的群体仿效，进而推动生态循环农业的地区发展。例如，北徐庄村区域大循环的模式在当地就起到了极好的示范效应，带动了附近县市生态循环经济的发展。

7.5 典型案例——农户施用有机肥行为实证分析

上一节从整体上探究了农户参与生态循环农业的意愿及其影响因素，对于调动农户的参与意愿有重要意义。目前，施用有机肥是非常典型的生态循环农业行为，因此，本节将以施用有机肥为例，探析影响农户施用有机肥的显著因素，并提出具有针对性的措施。

化肥是粮食的"粮食"，多年的农业生产实践已经证实化肥是提高粮食单产的一条重要途径（耿仲钟等，2017），在保障国家粮食安全方面发挥着不可忽视的作用。近年来，我国化肥施用量不断增加，1978—2016年化肥用量数据显示，我国已成为世界上化肥施用量最多的国家之一。20世纪50年代我国化肥施用量仅4kg/hm^{2}左右，2016年已达434.3kg/hm^2，60多年增长了100多倍；国际公认的化肥施用安全上限是225kg/hm^2，而我国农田化肥平均施用量已达434.3kg/hm^2。虽然化肥本身并无害，但是过量施用化肥会造成严重的经济、社会、生态环境问题：化肥流失率过高，边际效益递减，农产品品质下降，食品安全问题频出，农业面源污染加剧，生态系统遭到破坏等。面对如此严峻的形势，农业部于2015年2月发布《到2020年化肥使用量零增长行动方案》，2018年11月生态环境部和农业农村部印发《农业农村污染治理攻坚战行动计划》，进一步提出到2020年，全国主要农作物化肥农药使用量实现负增长。采取一切有效措施减少化肥使用量已经迫在眉睫。化肥使用量零增长是实现我国农业生产方式转型和绿色发展的必由之路。如何达到既要化肥减量，又要保障粮食安全的双赢目标？这是我们必须要积极面对并解决的一个关键问题。据国家统计局统计，2016年我国农用化肥使用量为5 984万t（折纯量），比2015年减少38万t，这是我国农用化肥使用量自1974年以来首次实现负增长。农业农村部测算，2017年我国水稻、玉米、小麦三大粮食作物氮肥当季平均利用率为37.8%，比2013年和2015年分别提高了7.8个百分点和2.6个百分点。专家指出，这"一减一提"与有机肥替代化肥、测土配方施肥和2020年化肥使用量零增长行动密不可分，尤其指出有机肥功不可没。有机肥替代化肥是实现农业提质增效、节本增效、绿色发展的有效措施。促进农业生产经营者施用有机肥是生态循环农业发展的一项重要任务。因此，这一部分将以实际调研数据为依据，选择合理的方法，研究农户有机肥的施用行为及其影响因素，研究结果将对促进农户施用有机肥提供实证依据与政策参考。

通过对重要文献的梳理发现，对农业技术采纳行为及其影响因素的研究方法以Logistic模型居多，其分析效果也较理想。同时，研究大多停留在将相关数据引入Logistic回归模型，得出其显著影响因素这一层面，而对于影响因素之间的内部关系及其层次结构的研究尚显缺乏。此外，近年来专门针对河南省有机肥施用行为的研究文献也并不多见。鉴于此,本节试图以有机肥施用为例,利用在河南省漯河实地调查的数据,运用二元Logistic模型研究影响农户是否施用有机肥的关键因素,并在此基础上运用解释结构模型(ISM)进一步探究这些影响因素之间的关联关系和层次结构,以期为提高农户的有机肥施用意愿提供实证及政策参考。

7.5.1 研究假设与变量选择

7.5.1.1 研究假设

本节借鉴现有研究成果,结合课题组在河南漯河市调研的实际情况,选取农户自身特征、家庭经营特征、生态循环农业技术认知情况、相关政策态度及其外部环境等变量作为影响农户是否施用有机肥行为的潜在变量。基本假设如下。

假设1:农户自身特征会对是否施用有机肥行为产生影响。

(1)一般来说,农业决策者的年龄越大,越倾向于沿用常规技术和方法,其行为的改变难度越大。但年龄越大的农户基于多年的农业生产经验,对成本收益激励更加敏感,当意识到新的技术可能会节约成本的时候,会选择新的技术,改变固有的行为方式。本节研究预期农户决策者年龄对是否施用有机肥行为影响不明确。

(2)受教育程度是农户是否施用有机肥的重要影响因素。一般而言,受教育程度越高,见识越广,对新思想、新事物的接受和采纳意愿越高。本节研究预期户主受教育程度对是否施用有机肥有正向影响。

(3)决策者是否参加有机肥技术相关培训对是否施用有机肥行为有影响。有机肥技术的专业培训有助于农户正确理解有机肥的作用,强化他们的农业安全意识,进而潜移默化地影响其行为选择。本节研究预期参加有机肥技术培训正向影响其施肥行为。

假设2:农户家庭经营特征对施用有机肥行为有影响。

(1)家庭种植规模。一般而言,家庭种植面积越大,在条件允许的情况下,农户越倾向于施用有机肥来节约成本、提高收益。但相反的,如果农户施用有机肥不方便或者成本较高,则农户会选择批量购买化肥来节约时间和精力。因此,家庭种植规模对有机肥施用行为有待考证。

(2)农业总收入。农业收入高的农户一般对可能影响其收入的农业技术表现出更加关注的态度,同时,也更有实力和意愿采纳新的农业技术和方法。本研究预期农业总收入对是否施用有机肥行为有正向影响。

(3)农业劳动力数量。家庭从事农业劳动的人数越多,其家庭成员对农业生产的效益依赖程度越高,进而对影响其农业收益的行为会更加关注,因此有可能更愿意接受新的技术方式。但同时,也可能由于家庭成员大多集中于农业生产,其见识和眼界会较为封闭,其行为方式更容易固化,不易改变。因此,家庭农业劳动力数量对是否施用有机肥行为的影响尚不明确。

(4)是否加入农民专业合作社。一般而言,加入农民专业合作社的农户具有更高的组织化、市场化程度,他们在合作社统一的农业技术指导和规范管理下,更可能在农业生产中施用有机肥。本节研究预期农户加入农民专业合作社对施用有机肥行为有正向影响。

(5)家中是否建有沼气池。农户家中如果建有沼气池,由于沼气池的工作原理、技术要求和管理方法,农户可以得到沼液、沼渣这样的有机肥,故而施用有机肥的概率将大大提高。本节研究预期家中是否建有沼气池对农户是否施用有机肥有正向影响。

假设3:农户对生态循环农业的认知对施用有机肥行为有影响。

(1)对化肥过量使用危害环境的认知。如果农户对过量施用化肥的危害有清楚、全面的认识,将可能采取替代化肥的有机肥施用行为。本节研究预期农户对过量化肥施用危害认知程度与其施用有机肥行为有正向影响。

(2)是否担忧自种粮食安全性。理由同化肥过量施用危害认知,本节研究预期农户担忧自种粮食的安全性与施用有机肥行为有正向影响。

(3)施用有机肥技术的难易程度。如果农户自我感知学习、掌握施用有机肥的技术难度很大,则将倾向于选择常规方便的施用化肥行为。因此,本节研究预期农户感知有机肥技术的难易程度对是否施用有机肥有正向影响。

(4)获取有机肥的难易程度。一般而言,如果农户能够方便快捷地获取有机肥,如沼液、沼渣,则通常会施用有机肥,反之,则可能选择施用化肥。本节研究预期有机肥获取的难易程度将正向影响农户是否施用有机肥的行为。

假设4:农户对相关政策效果的感知程度对施用有机肥行为有影响。

(1)当地政府对生态环境问题监管情况。政府的政策及其态度会对农户的行为产生激励。如果农户认为当地政府对生态环境问题监管严格,那农户通常会选择在政策范围以内行动,如果农户认为政府行为形式大于实质,则农户处于自身利益的考虑可能会选择投机行为。因此,本节研究预期,当地政府对生态环境问题监管情况对农户施用有机肥行为有正向影响。

（2）当地对沼气池建设补贴完善。如上面分析户用沼气池对于农户有机肥施用行为的影响，如果农户认为当地政府对沼气池建设补贴完善，那么就会提高农户对建设沼气池的积极性，从而有助于农户施用有机肥活动。本节研究预期，当地对沼气池建设补贴程度对农户施用有机肥行为有正向影响。

（3）当地对农业废弃物资源化利用补贴完善。理由同沼气池补贴，本节研究预期当地对农业废弃物资源化利用补贴程度对农户施用有机肥行为有正向影响。

假设5：外部环境对农户施用有机肥行为有影响。

（1）离乡政府距离。一般离乡政府距离更近的农户，信息的传递和交流更为方便，更容易获取最新政府政策支持（包括有机肥的有效信息），因而施用有机肥的概率也会更高。本节研究预期，农户家庭离乡政府的距离对农户是否施用有机肥行为有反向影响。

（2）村里是否有农业技术员。农业技术员是农业技术管理与培训方面的专业人员，能够对农户进行生态循环农业方面的宣传和讲解，能够更专业地对农户所关心的农业技术问题进行解答，而且在调研中发现大多数农户对技术员非常信任。因此，本节研究预期，村里是否有农业技术员对农户是否施用有机肥行为有正向影响。

7.5.1.2 变量选择

根据前面的理论分析，共选择了5类19个变量，构建了农户有机肥施用行为影响因素的模型。变量名称、定义及描述性统计特征详见表7-8。

表7-8 变量说明及统计特征

变量		定义	极小值	极大值	均值	标准差	预期方向
	是否施用有机肥	否=0，是=1	0	1	0.53	0.5	
农户自身特征变量	户主性别	女=0，男=1	0	1	0.76	0.431	负
	户主年龄	农户的实际年龄	21	80	53.37	11.780	不确定

（续表）

变量		定义	极小值	极大值	均值	标准差	预期方向
农户自身特征变量	户主文化程度	小学及以下=1，初中=2，高中=3，大专及以上=4	1	4	2.32	0.991	正
	是否参加施肥技术培训	未参加=0，参加=1	0	1	0.41	0.498	正
家庭经营特征变量	种植总面积	实际种植面积/亩	1	70	10.47	12.083	不确定
	2016年农业总收入	农户家庭年实际农业收入/元	0	47 300	29 754.84	55 165.278	正
	家庭农业劳动人数	参与农业劳动的实际人数	0	9	2.32	1.260	不确定
	是否加入合作社	未加入=0，加入=1	0	1	0.27	0.443	正
	家里是否有沼气池	无=0，有=1	0	1	0.56	0.497	正
农户认知变量	过量施用化肥危害环境	非常不同意=1，不同意=2，一般=3，同意=4，非常同意=5	1	5	3.85	1.158	正
	是否担忧自种粮食安全性	绝不担忧=1，不担忧=2，一般=3，担忧=4，非常担忧=5	1	5	3.23	1.428	正
	施用有机肥技术对我来说很容易	非常不同意=1，不同意=2，一般=3，同意=4，非常同意=5	1	5	3.48	1.221	正
	获取有机肥对我来说非常容易	非常不同意=1，不同意=2，一般=3，同意=4，非常同意=5	1	5	3.12	1.548	正
农户对相关政策效果的感知程度	当地政府对农业废弃物随意排放监管到位	非常不同意=1，不同意=2，一般=3，同意=4，非常同意=5	1	5	3.66	1.3	正

（续表）

变量		定义	极小值	极大值	均值	标准差	预期方向
农户对相关政策效果的感知程度	当地对沼气池建设补贴完善	非常不同意=1，不同意=2，一般=3，同意=4，非常同意=5	1	5	3.88	1.241	正
	当地对农业废弃物资源化利用补贴完善	非常不同意=1，不同意=2，一般=3，同意=4，非常同意=5	1	5	1.96	1.260	正
外部环境	距离乡政府距离	家庭距离乡政府的实际距离/里[①]	1	60	7.27	6.4	负
	村里是否有农业技术员	无=0，有=1	0	1	0.44	0.498	正

由表7-8可看出，在调查期样本农户有机肥施用行为表现一般，均值为0.53，且差异较大（标准差为0.5），因此，有必要对影响农户有机肥施用行为的因素进行深入研究，以促进其施用有机肥行为。样本农户面临着我国农村普遍存在的"老龄化"和文化水平偏低的现象。农户对过量施用化肥危害环境、担忧自种粮食安全性、施用有机肥技术难易度以及获取有机肥难易度等认知变情况总体表现中等偏上，但均存在较大差异。农户对于当地对沼气池建设补贴完善程度的看法认同度较高，均值为3.88；关于当地政府对生态环境问题监管到位的看法基本认同，均值为3.66；当地对农业废弃物资源化利用补贴完善的看法评价很低，均值仅为1.96。在外部环境变量中，距离乡政府平均距离为7.27里，符合调研村镇的实际情况；村里是否有农业技术员的平均值为0.44，说明各村配备农业技术员还并不普及。

7.5.2 模型构建

理性农户在进行生产决策时，希望实现一定时期内一定限制条件下目标函数的最大化。如果假定经济利益的追求是唯一的目标，农户是否采纳某一行为则完全取决于这一行为的期望利润最大化。进而，如果将农户选择新行为的过程看成是新旧行为带来的利益效果的对比过程，则新的行为选择的前提条件是

---

① 1里=500米，全书同。

该行为带来的利润不会低于旧行为的利润。

在执行新行为可以获利的前提下,促使更多农户选择该行为就是最终目的。因此,有必要对农户施用有机肥的影响因素进行分析。为深入研究农户有机肥施用行为的影响因素及其内部关系,本研究分为两步。首先,利用Logistic回归模型分析影响农户有机肥施用行为的因素有哪些;其次,运用解释结构模型(interpretative structural modeling method,简称ISM)分析第一步识别出来的影响因素的关联及其层次关系。

7.5.2.1 Logistic回归模型

本研究中,因变量为农户是否施用有机肥,该因变量结果具有离散数值(施用取值为1,不施用取值为0)特征,因此选择建立Logistic回归模型来分析农户有机肥施用的影响因素。

Logistic回归模型是对数线性模型的一种特殊形式。将事件发生的条件概率定义为$P(y_i=1 \mid x_i)=p_i$,得到下列Logistic回归模型:

$$p_i = \frac{1}{1+e^{-(\alpha+\beta x_i)}} = \frac{e^{\alpha+\beta x_i}}{1+e^{\alpha+\beta x_i}} \quad (式7-5)$$

式中,p_i为第i个案例发生事件的概率,它是由一个解释变量x_i构成的非线性函数。

这个非线性函数可以转化为线性函数。首先,定义不发生事件的条件概率:

$$1-p_i = 1 - \frac{e^{\alpha+\beta x_i}}{1+e^{\alpha+\beta x_i}} = \frac{1}{1+e^{\alpha+\beta x_i}} \quad (式7-6)$$

这样,事件发生与不发生概率之比:

$$\frac{p_i}{1-p_i} = e^{\alpha+\beta x_i} \quad (式7-7)$$

将上述公式取自然对数就得到一个线性函数:

$$\ln\frac{p_i}{1-p_i} = \alpha + \beta x_i \quad (式7-8)$$

这称作Logit形式,也称作Logit(y),Logit模型的系数α和β可以按照一般回归系数那样来解释。在有k个自变量时,公式可扩展为下列形式:

$$p_i = \frac{e^{\alpha + \sum_{k=1}^{k} \beta_k \chi_{k_i}}}{1 + e^{\alpha + \sum_{k=1}^{k} \beta_k \chi_{k_i}}} \quad \text{（式 7-9）}$$

则相应的Logistic回归模型将有下列形式：

$$\ln \frac{p_i}{1 - p_i} = \alpha + \sum_{k=1}^{k} \beta_k \chi_{k_i} \quad \text{（式 7-10）}$$

式中，$p_i = P(y_i = 1 | x_{1i}, x_{2i}, \cdots, x_{ki})$为在给定系列自变量$x_{1i}, x_{2i}, \cdots, x_{ki}$的值时的事件发生概率。

本研究构建如下二元Logistic模型：

$$\ln \frac{p_i}{1 - p_i} = b_0 + \chi X + \pi U + \lambda Z + \sigma F + \theta G + \varepsilon \quad \text{（式 7-11）}$$

式中，X为包含性别、年龄、文化程度、是否参与有机肥技术培训在内的农户自身特征变量；U为包括种植面积、农业收入、农业劳动力数、是否加入合作社、家里是否有沼气池在内的家庭经营特征变量；Z为包括对过量施用化肥危害环境的认知、粮食安全性的认知、施用有机肥难易程度和获取有机肥难易程度的自我感知在内的一系列反映农户对于环境认知和自我能力认知的变量；F为反映农户对相关政策效果的感知变量，包括当地政府对生态环境监管力度、沼气池补贴和农业废弃物资源化利用补贴完善程度的感知；G为包含距离乡政府距离、村里是否有农业技术员的外部环境变量。

7.5.2.2 解释结构模型

20世纪70年代，Warfied开发出了解释结构模型（ISM），该模型适用于分析复杂社会经济系统的结构问题。解释结构模型可以将错综复杂的思想转化为直观化、结构化的模型。ISM分析法的基本原理是通过利用关联矩阵和计算机技术，对确定的影响系统的各种因素及其相互关系进行处理，从而发现因素间的层次性和关联性，明确关键因素及其内在联系。

农户是否施用有机肥行为受到多种因素的影响，这些因素之间相互关联而又独立。所以，本研究在运用Logistic模型确定有机肥施用行为影响因素的基础上，进一步利用解释结构模型厘清这些显著因素之间的层次结构和关联关系，具体分析如下。

用S_i（$i=1, 2, \cdots, k$）表示农户施用有机肥行为的k个显著影响因素，因素间的逻辑关系是指两因素之间是否存在互为前提或者相互影响等关系，根据因素间的逻辑关系建立邻接矩阵A，其元素a_{ij}满足下式的条件：

$$a_{ij} = \begin{cases} 1 & S_i 对 S_j 有直接影响关系 \\ 0 & S_i 对 S_j 无直接影响关系 \end{cases} \quad i=0,1,\cdots,k \quad （式7-12）$$

根据（式7-7），通过矩阵预算求出该系统的可达矩阵A^*，邻接矩阵和可达矩阵满足（式7-12）：

$$A^* = (A+I)^{n+1} = (A+I)^n \neq (A+I)^{n-1} \quad （式7-13）$$

然后对可达矩阵A^*进行区域分解和级间分解，进行级间分解按照下式进行：

$$L_1 = \{S_i \mid R(S_i) \bigcap Q(S_i) = R(S_i); i=0,1,\cdots,k\} \quad （式7-14）$$

式中，$R(S_i)$，$Q(S_i)$分别表示可达集合和先行集合。获得最高层因素L_1后，从可达矩阵中删除L_1后得到新的矩阵，并再用上述方法得到第二层因素L_2，依次类推，得到构成影响因素的层次结构。

7.5.3 基于Logistic回归模型估计过程及结果分析

7.5.3.1 多重共线性检验

Logistic回归模型对自变量中的多元共线性非常敏感，当多元共线性程度较高时，系数标准误的估计将产生偏差。容忍度（Tolerance）或方差膨胀因子（VIF，VIF是容忍度的倒数），可以用来诊断自变量之间的多重共线性。一般地，容忍度小于0.20被认为是多重共线性存在的标志，容忍度小于0.1说明多重共线性很严重。

利用SPSS进行多重共线性诊断（表7-9），统计结果表明最小的容忍度0.557也远大于0.200，说明变量之间不存在多重共线性。

表7-9　多重共线性诊断结果

变量	共线性统计量	
	容忍度	方差膨胀因子
性别	0.819	1.220
年龄	0.645	1.551
受教育程度	0.557	1.795

（续表）

变量	共线性统计量	
	容忍度	方差膨胀因子
是否参与施肥技术培训	0.650	1.539
种植总面积	0.622	1.607
2016年农业总收入	0.638	1.568
农业劳动人数	0.877	1.140
加入合作社	0.695	1.438
是否有沼气池	0.725	1.378
化肥危害	0.814	1.229
是否担忧自种粮食安全性	0.918	1.090
施用有机肥技术容易	0.680	1.471
获取有机肥容易	0.585	1.709
政府监管到位	0.725	1.379
沼气补贴完善	0.696	1.436
资源补贴完善	0.903	1.107
离乡政府距离	0.791	1.264
当地是否有技术员	0.700	1.429

7.5.3.2 拟合优度检验

在二元Logistic回归模型中，Hosmer and Lemeshow Test是被广泛应用的模型拟合优度检验方法。Hosmer and Lemeshow Test的原假设是模型变量的实际值和估计值之间不存在任何差别，备择假设是实际值和估计值之间完全不同。如果显著性水平小于0.05，则拒绝原假设；相反，如果显著性水平大于0.05，则不能拒绝原假设，即认为模型的实际值和估计值之间拟合较好。

关于在农户有机肥施用行为的研究中，卡方值为5.140，显著性水平为0.742，不能拒绝原假设，说明模型拟合较好（表7-10）。

表7-10 Hosmer和Lemeshow检验

步骤	卡方	自由度	显著性
1	5.140	8	0.742

7 生态循环农业模式运行的参与机制

在二元Logistic回归模型中，模型系数的Omnibus检验提供了依靠传统的卡方检验得出的模型系数的显著性水平。Omnibus检验的思路是：检验包含自变量的模型是否显著不同于仅包含截距项的模型，用以分析模型中解释变量与被解释变量之间的关系。检验结果（表7-11）表明，模型以0.001的显著性水平通过Omnibus检验，说明模型拟合很好，同时也意味着模型中至少有一个自变量与因变量相关。

表7-11　模型系数的综合检验

		卡方	自由度	显著性
步骤1	步骤	102.677	18	0.000
	块	102.677	18	0.000
	模型	102.677	18	0.000

7.5.3.3　Logistic模型估计结果

利用SPSS23.0软件对农户有机肥施用行为模型进行二元Logistic回归，选择Enter回归方法，回归结果见表7-12。

表7-12　农户有机肥施用行为模型估计结果

	自变量	偏回归系数	标准误差	Wald统计量	显著性	Exp(B)
农户自身特征	性别	-0.656	0.565	1.348	0.246	0.519
	年龄	0.052	0.023	5.272	0.022	1.054
	受教育程度	0.595	0.294	4.077	0.043	1.812
	是否参与施肥技术培训	0.813	0.487	2.780	0.095	2.254
农户家庭经营特征	种植总面积	0.003	0.020	0.017	0.896	1.003
	2016年农业总收入	0.000	0.000	0.594	0.441	1.000
	农业劳动人数	0.194	0.168	1.327	0.249	1.214
	加入合作社	0.019	0.584	0.001	0.974	1.019
	是否有沼气池	2.928	0.516	32.200	0.000	18.683

（续表）

自变量		偏回归系数	标准误差	Wald统计量	显著性	Exp(B)
农户认知变量	化肥危害	−0.061	0.204	0.091	0.763	0.940
	是否担忧自种粮食安全性	0.131	0.157	0.690	0.406	1.139
	施用有机肥技术难易程度	0.371	0.199	3.477	0.062	1.449
	获取有机肥难易程度	0.337	0.174	3.743	0.053	1.401
	政府监管到位	−0.191	0.191	0.995	0.319	0.826
	政府沼气补贴完善	−0.330	0.211	2.457	0.117	0.719
	政府资源补贴完善	−0.085	0.170	0.248	0.619	0.919
外部环境变量	离乡政府距离	−0.047	0.037	1.612	0.204	0.954
	当地是否有技术员	0.992	0.506	3.841	0.050	2.695
	常量	−6.640	2.122	9.797	0.002	0.001

由表7-12可知，农户年龄、受教育程度、是否参与有机肥培训、家里是否有沼气池、施用有机肥技术难易程度、获取有机肥难易程度和当地是否有农业技术员7个变量通过显著性检验。其他因素没有通过显著性检验，说明它们不是影响农户是否施用有机肥的关键因素。下面对通过显著性检验的影响因素进行详细说明。

（1）户主年龄的回归系数为正值，在5%的显著性水平上通过检验，说明户主年龄越大，越倾向于施用有机肥。一般来说，随着年龄的增大，风险厌恶也会增加，年龄越大，新技术的采用意愿会降低，反之，新技术的采用意愿会提高。这与我们研究的结果正好相反，本章研究认为，实际回归结果中年龄与有机肥施用行为呈正相关关系，主要是基于以下两个原因。一是年龄较大，多年从事农业生产经营的农户，农业可能是其收入的主要来源，他们对农业的投资成本和收益非常敏感，当他们计算出施用有机肥会减少其农业投入时，就会选择施用有机肥。在调研中，我们发现当地很多农户使用的有机肥来自自家沼气池的沼液沼渣和附近企业的免费赠送，因此，年龄大的农户比年轻的农户更愿意施用有机肥。二是有机肥虽说是不同于多年来农户普遍常用的化肥，但是这也并不是一个新鲜事物，一般农户或多或少对有机肥都有一定的了解和认可，从风险角度来说，施用有机肥并不存在像其他的农业新技术、新方法可能的风险。因此，风险厌恶说在这里并不成立。

（2）农户受教育程度在5%的显著水平上对农户施用有机肥行为有正向影响，与预期假设的推断一致。一方面，农户受教育程度越高，越能清楚地认识到有机肥的价值和效用，而这种认知会影响他施用有机肥的行为；另一方面，受教育程度高的农户，其接受新理念、新知识的能力越强，对于环境保护、生态安全、食品质量的问题会更加关注和认同，从而在农业生产中会倾向于施用有机肥。

（3）农户参与有机肥技术培训对农户施用有机肥有正向影响，这与预期假设一致。有机肥技术培训可以增加农户对有机肥及其技术要求的充分理解，帮助农户克服对有机肥的片面认识，强化对有机肥的作用和意义的理解，激励他们施用有机肥的决心。从回归结果来看，参与有机肥培训的农户施用有机肥的发生比是未参与培训农户施用有机肥发生比的2.254倍，可见，有机肥技术培训对提高农户的施用有机肥行为具有重要作用。

（4）农户家里是否有沼气池的回归系数为正，通过1%的显著性水平检验，与预期假设一致。农户家里有沼气池且正常使用，就意味着有沼液沼渣的产出，沼液沼渣是性质优良的有机肥，这样农户就可以便捷且免费地施用有机肥。而对于家里没有沼气池的农户来说，情况正好相反，其获得有机肥不那么便捷，所以施用有机肥的概率自然下降。从调研数据来看，参与调研的206户中，有115户家中建有沼气池，占总数的55.8%，这115户农户中仅有25户没有施用有机肥。从回归结果来看，家里有沼气池的农户施用有机肥的发生比是没有沼气池的农户施用有机肥发生比的18.683倍，可见，沼气池对于是否施用有机肥有重要影响。

（5）自我感知施用有机肥难易程度的回归系数为正，说明农户如果感觉施用有机肥技术越容易，则越倾向于施用有机肥，这与预期假设的推断一致。相反，如果农户感觉施用有机肥技术难度大，就容易产生畏难情绪而放弃。

（6）获取有机肥难易程度的回归系数为正，这与预期假设一致。如果农户获取有机肥很方便、快捷，施用有机肥的概率就会增加，否则概率就会下降。这一结果与家里是否有沼气池的情况相吻合。

（7）当地是否有农业技术员对农户施用有机肥行为产生显著的正向影响，通过了5%的显著性水平检验。农业技术员能够向农户宣传、讲解农业方面的最新信息和农业发展动态,及时帮助农户解决有机肥施用方面的困惑和技术难题。而且,在调研过程中,通过和农户沟通,得知农户基本上都相信技术员的专业知识和技能,愿意听取技术员的意见,因此,当地如果配有农业技术员将有利于促进农户的有机肥施用行为。

7.5.4 ISM模型计算及结果分析

7.5.4.1 模型计算过程

按照ISM模型分析的一般步骤,结合上面分析计算的结果,选取年龄、受教育程度、是否参与施肥技术培训、是否有沼气池、施用有机肥技术难易程度、获取有机肥难易程度、当地是否有技术员7个影响因素,分别记为S_1、S_2、S_2、S_3、S_4、S_5、S_6、S_7。在详细调查和综合分析的基础上,本书构建各影响因素对农户施用有机肥行为影响的邻接矩阵R:

$$R = \begin{matrix} S_1 \\ S_2 \\ S_3 \\ S_4 \\ S_5 \\ S_6 \\ S_7 \end{matrix} \begin{pmatrix} 0 & 0 & 0 & 0 & 1 & 0 & 0 \\ 0 & 0 & 0 & 0 & 1 & 1 & 0 \\ 0 & 0 & 0 & 0 & 1 & 0 & 0 \\ 0 & 0 & 1 & 0 & 0 & 1 & 0 \\ 0 & 0 & 0 & 0 & 0 & 0 & 0 \\ 0 & 0 & 0 & 0 & 0 & 0 & 0 \\ 0 & 0 & 1 & 0 & 1 & 0 & 0 \end{pmatrix} \quad （式7-15）$$

通过MATLAB编程,计算出邻接矩阵的可达矩阵M:

$$M = \begin{pmatrix} 1 & 0 & 0 & 0 & 1 & 0 & 0 \\ 0 & 1 & 0 & 0 & 1 & 0 & 0 \\ 0 & 0 & 1 & 0 & 1 & 0 & 0 \\ 0 & 0 & 0 & 1 & 0 & 1 & 0 \\ 0 & 0 & 0 & 0 & 1 & 0 & 0 \\ 0 & 0 & 0 & 0 & 0 & 1 & 0 \\ 0 & 0 & 1 & 0 & 1 & 0 & 1 \end{pmatrix} \quad （式7-16）$$

根据可达矩阵,求出可达集合$R(S_i)$和先行集合$Q(S_i)$以及二者的交集,见表7-13。

表7-13 可达集合、先行结合及交集计算结果类别

i	$R(S_i)$	$Q(S_i)$	$R(S_i) \cap Q(S_i)$
1	1, 5	1	1
2	2, 5	2	2
3	3, 5	3, 7	3
4	4, 6	4	4
5	5	1, 2, 3, 5, 7	5
6	6	4, 6	6
7	3, 5, 7	7	7

根据层级分解的方法，可以得出，$L_1=\{S_5,S_6\}$，然后逐级抽取，可以得到 $L_2=\{S_1,S_2,S_3,S_4\}$，$L_3=\{S_7\}$，将L_1、L_2、L_3排序，将影响农户意愿的7个影响因素划分为3个层次：第一层次包括施用有机肥技术难易程度、获取有机肥难易程度，第二层次包括户主年龄、受教育程度、是否参与施肥技术培训以及家里是否有沼气池，第三层次是当地是否有技术员。将同一层次及相邻层次的影响因素用有向箭头联结，得到农户施用有机肥的影响因素间的关联与层次结构，如图7-9所示。

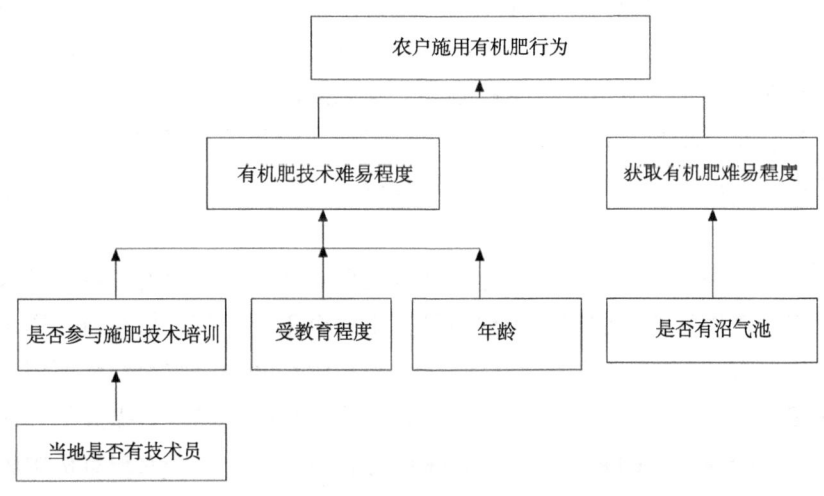

图7-9 影响因素间的关联关系和层次结构

7.5.4.2 结果分析

由图7-9可知,农户施用有机肥行为的影响因素可以分为三级层次关系,施用有机肥技术难易程度和获取有机肥难易程度是表层直接因素,农户年龄、受教育程度、是否参与施肥技术培训和家里是否有沼气池是中间间接因素,当地是否有农业技术员是深层根源因素。

农户感知施用有机肥技术难易程度和获取有机肥难易程度是重要的表层直接因素。技术接受模型理论可以对此作出充分的解释。技术接受模型(TAM)是1989年Davis运用理性行为理论研究用户对信息系统接受时所提出的一个模型,该模型提出了影响用户接受意愿的两个主要的决定因素,感知的有用性和感知易用性。感知有用性反映一个人认为使用一个具体的系统给他能够带来的有用程度;感知的易用性,反映一个人认为使用一个具体的系统的程度难易程度。TAM模型理论认为人是否采纳某种行为受到感知有用性和感知的易用性的影响。因此,在本研究中,农户感知使用有机肥技术的难易程度以及获取有机肥的难易程度就内化为影响农户是否施用有机肥行为的表层直接因素。

农户感知施用有机肥技术的难易程度与其是否参与有机肥技术培训、受教育程度、年龄有直接关系。有机肥技术培训可以帮助农户获得有机肥的专业知识,提高施肥技能,降低施肥难度。受教育程度越高的农户,学习能力越强,对于有机肥技术的领悟和接受能力也更加敏锐,从而有助于降低其对有机肥施用难度的评价。农户年龄对感知到的有机肥技术难度有反向影响,即农户年龄越大,感知到的施用有机肥技术越容易,反之则越难。一般来说,年龄越大的农户,务农年限越长,在长期的农业生产实践中积累了丰富的经验,对于农业生产技术的掌握也更加娴熟,因此,年龄越大的农户,对有机肥施肥技术的评价难度会降低。

以沼气池为纽带的"四位一体"模式是调查地区最主要的生态循环农业模式,沼液沼渣作为有机肥施于土地中是其中一个重要环节。从调研数据来看,调查对象中有115户家中建有沼气池,这115户中有90户将沼液沼渣还田,沼液沼渣还田率达到78%。可见,沼气池为农户获取有机肥提供了极大的方便,也是农户有机肥最主要的来源。所以,家中是否有沼气池也是农户有机肥施用行为的中层间接因素。

当地是否有农业技术员是影响农户施用有机肥行为的深层因素。农业技术员是进行农业技术讲解与培训的专业人员,他们为农户参与施肥技术培训提供了必不可少的人才优势。因此，有农业技术员的村镇，农户参与培训与学习的概率更大。据了解，河南省农业专业技术人员拥有数量量低于全国平均水平，而且这些农业技术员多集中于省市级的农科院所，乡镇一级技术人员比例偏低，而且年龄偏大，文化层次较低，对农业新技术的接受能力较差，这些都影响了最新农业生产技术的推广和应用，因此，切实提高村镇一级农业技术员的数量和质量对于提高农户有机肥施用行为意义重大。

7.5.5 政策启示

本部分基于实地调研获得的一手资料，将二元Logistic回归模型与ISM模型有机结合起来，探讨了农户有机肥施用行为的影响因素及其层次结构。研究表明：农户年龄、受教育程度、是否参与施肥技术培训、是否有沼气池、施用有机肥技术难易程度、获取有机肥难易程度和当地是否有技术员是变量中的显著影响因素；施用有机肥技术难易程度和获取有机肥难易程度是表层直接因素，农户年龄、受教育程度、是否参与施肥技术培训和家里是否有沼气池是中间间接因素，当地是否有农业技术员是深层根源因素。

基于上述研究，可以得出如下政策启示。

一是加强农村专业人才队伍建设。通过多种渠道和方式开展农民学历教育及职业技能培训，大力培育新型职业农民，提高农民受教育程度及专业技能素养，为农业农村发展提供优势人才资源。如北京市于2016年开展新型职业农民学历提升教育活动，招录一批京郊农村学员接受三年专业教育，不仅提升了这部分学员的专业技能水平，而且也较为全面地提升了他们的理论文化修养，为当地农业农村的发展提供了坚实的人才及科技支撑。

二是重视农村基层组织的管理及服务功能。完善农村基层管理服务制度，切实发挥农业技术员的作用和职能。农村基层管理组织通过多种形式开展生态循环农业理念和实践操作方面的宣传、讲解及其培训工作，并鼓励农民积极参与。具有针对性、专业化的技能培训可以帮助农民解决农业经营中的实际问题，调动农民的生产积极性，也能够加强农民对基层组织的信任，有利于农民更好地接受生态循环农业理念及其生产方式，进而推动其执行力度。

三是加强农村生态循环农业基础设施建设。本章研究印证了获取有机肥难易程度是影响农民有机肥施用行为的直接因素，家中是否有沼气池是间接因素，这实质上涉及农村生态循环农业发展的基础设施及便利条件问题。生态循环农业不应该仅停留在口头或文件的宣传、教育层面，而应该采取有效措施积极推动，识别实际发展中阻碍农民执行的羁绊因素并加以解决，才能够真正将生态循环农业的发展落在实处。例如，加强以沼气池为代表的基础设施建设，使农户更加方便快捷地获取所需要的农业生产资料，才能打消农民的顾虑，真正提高农民发展生态循环农业的执行力度。

7.6　本章小结

农户是我国生态循环农业发展的基本主体力量，农业企业带动的生态循环农业模式就是要在农业企业这一核心力量的带动下，逐渐把农户纳入模式中来，农户的意愿和行为是生态循环农业模式顺利运行和广泛推广的基本保障，决定着生态循环农业的发展质量和效果。因此，本章以河南省漯河市为例，基于实际调研数据重点分析了普通农户参与生态循环农业的意愿和行为及其影响因素。

首先，对农户参与生态循环农业现状进行分析。通过对实际调研数据的分析，了解了目前废弃物资源再利用的基本情况，也发现了一些问题。针对这些问题，提出如下建议：一是加强对农作物秸秆及其畜禽粪便再利用价值及意义的宣传，增强农户的生态意识，加强环境保护；二是加强技术研发和推广，积极和企业合作，依靠企业的科技、人才优势，研发更加先进有效的秸秆还田技术和畜禽粪便再利用技术；三是鼓励农户参与到企业带动的生态循环农业模式当中。

其次，运用结构方程模型从整体上探究了影响农户参与生态循环农业意愿的主要因素。针对研究结果也得到一些政策启示：一是以政府为主导加强对生态循环农业的宣传和教育，改善农村基础设施条件，进而促进农户参与生态循环农业的意愿；二是持续发挥政策导向对生态循环农业发展的引领作用，政府制定合理的正向激励和反向约束政策提升农户发展生态循环农业的意愿；三是充分发挥致富大户的示范作用，带动广大农户积极发展生态循环农业的实践活动。

最后，以农户施用有机肥行为为例，将二元Logistic回归模型与解释结构模型有机结合起来，探讨了农户有机肥施用行为的影响因素及其层次结构。农户有机肥施用行为研究的政策启示有三点：一是加强农村专业人才队伍建设，为发展生态循环农业提供人才和智力保障；二是重视农村基层组织的管理及服务功能，切实发挥农业技术员的作用和功能；三是加强农村生态循环农业基础设施建设，为发展生态循环农业提供便利条件。

8 研究结论、政策启示与展望

8.1 研究结论

本书以生态经济和生态产业理论、循环经济理论、外部性理论、循环链条物质流分析原理以及农户行为理论为主要理论依据，灵活运用多种研究方法，对生态循环农业模式及其保障机制进行系统探析。研究的主要结论包括以下4点。

第一，农业企业是带动生态循环农业发展的核心力量。

生态循环农业的参与主体包括农户、农业企业、政府以及社会公众，其中，农业企业对生态循环农业发展的作用至关重要，是生态循环农业发展的核心带动力量。本研究将农业龙头企业、农民专业合作社、农业园区、家庭农场以及种养大户等新型农业经营主体均列入农业企业的范畴。首先，规模性是生态循环农业综合效益得以发挥的前提，现代农业科学技术是生态循环农业的核心支撑，就这两点而言，唯有农业企业可以满足其条件。其次，包括农民专业合作社、龙头企业在内的农业企业可以通过提高农民组织化程度、市场化程度，进而带动农民发展生态循环农业。最后，农业企业具备有利于发展生态循环农业的其他优势。例如，农业企业具有强烈的市场竞争意识、敏锐的信息捕捉和判断能力、管理科学规范、资金技术实力雄厚，而且具备较强的政策理解力及执行力，这些特征使农业企业有能力、有实力带动生态循环农业快速、高效、规范化发展。因此，基于农业企业的优势与生态循环农业高效发展要求相契合的特征，本书提出农业企业是带动生态循环农业发展的核心力量。

第二，构建了农业企业带动的3种生态循环农业模式，各模式均能带来显著的经济效益、社会效益和生态效益。

基于理论分析和实际调研，构建了3种生态循环农业模式，分别是企业内自循环模式、企业间链条循环模式和区域内大循环模式。企业内自循环是在一个农业企业内部基于生态产业链形成一个循环系统,资源和能量在企业内部循环流动,实现循环经济的减量化、再利用和再循环要求。当企业内经营的业态间生态链不协调,或者规模不匹配时,就会出现资源无法循环或循环不充分的情况,此时,可基于生态产业链通过多个企业间的合作建立企业间链条循环模式,企业间链条循环打破了企业局限,在两个及以上企业间建立跨企业的循环系统,疏通了资源和要素在企业间的循环通道,有利于各参与企业节约资源,增加价值,减少环境污染。区域内大循环是在区域范围内既有企业内自循环,也有企业间链条循环,各参与主体基于生态产业链形成复杂的闭合网络系统,疏通资源在区域内流动的通道,资源在一个区域范围内顺畅流动,高效循环利用。区域内大循环是生态循环农业模式的高级形式,农业企业驱动的生态循环农业模式发展的最终目标是通过企业内自循环和企业间链条循环最终达到区域范围内大循环,这个过程实际上是在模式核心主体农业企业的带动下,基本参与主体农户通过多种方式逐渐加入模式,实现生态循环农业大发展的过程。选择与企业内自循环、企业间链条循环和区域内大循环相吻合的实际案例,分别对每一种模式循环后的新增效益进行了测算,结果表明各模式均带来了显著的经济效益、社会效益和生态效益。

第三,合理稳定的利益联结的建立和内在动力机制是模式运行的根本保障。

农业企业是生态循环农业模式的核心主体,首先必须要调动农业企业参与模式的积极性,这一积极性需靠经济利益的拉动,这就要求在各参与主体间形成稳定、合理的利益分配关系。企业内自循环能否实现取决于循环与不循环两种方式成本的比较情况;企业间链条循环模式稳态存在的实质是各个独立企业和政府之间的博弈过程,各方在满足各自经济利益和环境目标需求下形成一种均衡状态;区域内大循环既要遵从企业内自循环和企业间链条循环的基本条件,更要从区域的总体要求出发,通过规模经济、范围经济、网络经济、产业扩散效应等获得更大的效益。利益联结机制的成本收益及博弈论分析均表明政府引导和财政补贴在保障模式构建中发挥着重要作用。

由于企业和农户往往只关注经济利益,忽略社会效益和生态效益,政府则需要站在全局的角度,对社会效益和生态效益予以重点考虑,因此,从循环经济系统的角度出发对保障生态循环模式顺利运行的动力机制进行分析,提出了由动力源、动力主体、驱动机理和作用方式四要素构成的动力机制体系,并构建了生态循环农业动力机制分析模型。该模型在纵向维度上分为产业链分析层，投入产出分析层和物质流分析层3个层次，从上到下是上级决定下级，层级递进的关系；在横向维度上分为循环链条分析、成本收益分析和动力要素分析3个阶段，循环链条分析是效益分析的基础，效益分析是对循环前后的效益进行对比，在此基础上识别动力源、动力主体、驱动机理以及作用方式等4个要素。该模型为研究生态循环农业动力机制提供了一个新的方法，并为制定推动生态循环农业发展的精准措施提供理论支撑。

第四，模式基本参与主体农户的参与意愿和行为是模式推广的基本保障，影响农户参与意愿和行为的因素复杂多样。

农户是生态循环农业的主要经营者，是农业企业带动的生态循环农业模式的基本参与主体，农户的参与意愿和行为对模式的运行和推广具有重要意义。因此，本书在对农户参与生态循环农业的现状进行分析的基础上，重点从两个方面分析了农户参与生态循环农业的意愿和行为，一是从整体上探析了农户参与生态循环农业的意愿；二是以施用有机肥为例，分析了影响农户有机肥施用行为的因素。农户参与生态循环农业意愿的研究结果证实了农户感知生态循环农业技术易用性对感知有用性和农户参与生态循环农业意愿均有显著的正向影响。农户感知生态循环农业有用性对农户参与生态循环农业意愿有微弱影响。社会影响对农户感知生态循环农业技术有用性有正向影响，并通过感知有用性的中介作用对参与意愿产生正向影响。政策导向对感知易用性和社会影响有显著的正向影响，政策导向通过感知易用性的中介作用对参与意愿产生影响，同时通过社会影响和感知有用性的中介作用对参与意愿产生影响。农户施用有机肥行为的研究表明农户是否施用有机肥受到多种因素的影响：施用有机肥技术难易程度和获取有机肥难易程度是表层直接因素，农户年龄、受教育程度、是否参与施肥技术培训和家里是否有沼气池是中间间接因素，当地是否有农业技术员是深层根源因素。这些研究结果对于制定有效措施调动农户的参与意愿具有重要参考作用。

8.2 政策启示

通过研究，得出如下几点政策启示。

第一，加快推进各类农业企业的培育、发展、壮大，提高其生态意识、循环经济意识，发挥农业企业的示范带动作用。

近年来，我国各类新型农业经营主体在国家政策支持下不断发展、壮大，规模和质量均有了显著提升，但是与我们所期望的状态还有一定差距。因此，建议国家从资金、技术、人才等方面进一步支持农民专业合作社、农业龙头企业、家庭农场、农业园区和种养殖大户等各类农业经营主体的培育和发展，通过正向激励和反向约束等具体措施规范企业的行为，提高农业企业的生态意识、循环经济意识，鼓励、引导有条件的农业企业进行企业内自循环，促进上下游企业间构建循环经济链条，逐渐形成区域范围内的经济大循环。充分发挥农业企业在生态循环农业建设中的示范带动作用，以推动生态循环农业在全国范围内的广泛、高效发展。

第二，准确地辨识动力要素，充分发挥各动力源作用，形成促进生态循环农业系统运行的合力。

生态循环农业模式的合理构建是其运行的前提，而模式能否顺利运行并普遍推广，则取决于模式背后各参与主体的利益大小及其价值分配。在我国现阶段生态循环农业发展并不普遍，主要原因就在于各参与主体动力不足。生态循环农业是一种带有极强正外部性的生产方式，需要政府作为宏观参与主体介入对这种外部性予以解决，并调动其他参与主体的积极性。而政府的激励或者约束措施如果不精准，容易导致效果不显著或者完全没有效果的问题。例如，在调研中发现，有的农户家庭在政府的补贴下修建了沼气池，但是其沼气池却处于停用状态，农户的积极性没有真正调动起来，沼气池不仅没有发挥应有的作用，反而造成了资源的浪费。因此，建议针对实践中每一个具体的循环系统的构建和运行，深入细致地分析动力要素，找准政策的精确施力点，制定切实可行的措施，使不同动力源驱动的动力主体发挥合力作用，推动生态循环农业系统的高效运行。

第三，采取多种具体措施，引导农户参与到生态循环农业中来。

加强农村专业人才队伍建设，为发展生态循环农业提供人才和智力保障；完善农村基层组织管理服务制度，切实发挥农业技术员的作用和功能。通过多种方式培养一批爱农业、懂技术、善经营的农业农村高素质人才队伍，打破农业经营者素质普遍偏低制约生态循环农业发展的困境。如北京市2016年以来持续开展的新型职业农民学历提升教育活动、河北省河间市2018年以来举办的乡村振兴精英培育班，以及各地开展的各类短期技术技能培训班等，尽管组织形式不一、培训内容不同，但都致力于为农业农村培育一批高素质专业人才，且取得了颇为显著的效果，这些有益的经验值得在全国范围内推广。完善农村基层组织管理服务制度，将生态循环农业的相关宣传、培训纳入基层组织管理活动的范畴，并将其作为一项重要任务长期坚持实施，尤其重视农业技术员对当地农户进行生产经营的指导，提升农户参与生态循环农业的意愿和行为，以推动生态循环农业的发展。

加强农村生态循环农业基础设施和社会化服务体系建设，为发展生态循环农业提供便利条件。生态循环农业作为一种新型的农业生产方式，它的发展要求有相应的软硬件设施与其相配套，如兴建沼气工程，继续拓展以沼气池为纽带的"四位一体"生态循环农业模式；改善农村道路交通网络，完善农业生产资料供应服务体系、农业科学技术服务体系、农业信息服务体系、农产品市场服务体系等。这些关乎生态循环农业发展的配套设施和社会化服务体系由于均具有公共品的属性，需要以各级政府为主导进行兴建和完善。

健全农业技术市场，加强生态循环农业相关技术的研发和推广。现代农业科学技术是生态循环农业发展的有力支撑，目前在我国农业技术领域仍然存在着技术研发跟不上、使用成本高、普及面小的问题。因此，健全农业技术市场，加强农业技术研发和推广至关重要。竞争激发活力，建议鼓励、引导有志于开发环保产品的公司从事生态循环农业所需技术和设备的研发和推广，如有机肥生产技术、秸秆综合利用技术、节水灌溉技术及其设备等，形成专业化、规模化生产，提高生产效率，降低生产成本，从而实现其在全国范围内的大规模推广和应用。同时，也鼓励有实力的农业企业承担农业技术研发和推广任务，农业企业对新技术的使用和示范更有利于其推广和普及。

加强生态循环农业的示范和引导。重视社会影响对促进农户参与生态循环农业意愿和引导农户行为的作用，尤其是重视发挥致富大户、农业技术员对生态循环农业的示范、引领作用，由点到面，逐渐在农村区域范围内形成生态循环农业发展的良好格局。

8.3 展望

生态循环农业是实现我国农业可持续发展的战略选择，为我国今后现代生态农业的发展指明了方向和路径。促进生态循环农业的发展是一个庞大、复杂、系统的工程，涉及到方方面面的问题，而且随着时间的推移，社会经济情况会发生变化。本书所涉及的内容只是生态循环农业研究的一小部分，而且受到作者研究能力、研究方法以及文献资料、调研信息占有情况的限制，既有研究成果还并不完善。今后研究的展望主要包括以下两点。

第一,本书提出了建立以农业企业为核心的生态循环农业发展模式,企业作为一个具有独立决策权力的理性经济主体,其行为除了受到"利润最大化"目标的经济利益的驱使,还会受到其他非经济因素的影响,如企业主个人特征、企业规模、产业政策、经济环境等也会影响企业发展生态循环农业的意愿。为了调动企业的积极性,需要在进一步调研的基础上,选择合适的研究方法,获取影响企业意愿的更深层次的具体的因素。

第二,农户是我国生态循环农业发展的基本主体,农户的意愿和行为决定着生态循环农业的发展质量和效果。掌握农户参与生态循环农业的意愿和行为的主要影响因素,进而采取具有针对性的措施以调动农户的积极性意义重大。由于我国幅员辽阔、自然资源条件和人文历史差异显著、农业发展地域特征明显,影响各地农户参与生态循环农业的意愿和行为的因素也不尽相同。因此,在今后的研究中需要设计出具有区域差异特征的调研问卷,并扩大调研范围、增加样本数量,从而增强模型的解释能力,提高研究成果的准确性。

参考文献

艾利思，2006. 农民经济学[M]. 上海：上海人民出版社.
白金明，2008. 我国循环农业理论与发展模式研究[D]. 北京：中国农业科学院.
陈德敏，王文献，2002. 循环农业——中国未来农业的发展模式[J]. 经济师（11）：8-9.
陈胜男，冯蕊，2010. 我国工业园区发展循环经济的动力问题初探[J]. 生态经济（9）：152-154.
陈诗波，2008. 循环农业主体行为的理论分析与实证研究[D]. 武汉：华中农业大学.
陈诗一，2010. 中国绿色工业革命：基于环境全要素生产率视角的解释[J]. 经济研究（11）：21-34，58.
陈新华，王厚俊，2016. 基于生态效率评价视角的广东省农业生产效率研究[J]. 农业技术经济（4）：94-104.
楚永生，初丽霞，2005. 论循环经济理论对农业发展的适用性及制度构建[J]. 农业现代化研究（3）：199-202.
崔和瑞，2004. 基于循环经济理论的区域农业可持续发展模式研究[J]. 农业现代化研究（2）：94-98.
戴锦，2004. 生态农业：分散化经营与产业化经营[J]. 农村经济（12）：55-57.
方杰，张婷，刘应洪，等，2006. 发展农业循环经济与实现四川生态农业可持续发展[J]. 农村经济（6）：96-99.
方时姣，2003. 对我国生态农业研究的若干思考[J]. 农业经济问题（11）：39-42，80.
冯杰，张世秋，2017. 基于DEA方法的我国省际绿色全要素生产率评估——不同模型选择的差异性探析[J]. 北京大学学报：自然科学版，53（1）：151-159.
盖豪，颜廷武，张俊彪，2018. 基于分层视角的农户环境友好型技术采纳意愿研究——以秸秆还田为例[J]. 中国农业大学学报，23（4）：170-182.
高昂，2010. 循环经济物质流特征与流动规律研究[D]. 西安：西北大学.
葛继红，周曙东，朱红根，等，2010. 农户采用环境友好型技术行为研究——以配方施肥技术为例[J]. 农业技术经济（9）：57-63.
葛杨，王棋，2004. 循环经济持续发展的价值链机制[J]. 城市环境与城市生态（5）：21-23.
耿仲钟，肖海峰，2017. 我国农用化肥施用强度的时空差异及区域收敛[J]. 干旱区资源与环境，31（2）：69-73.
谷树忠，王兴杰，鲁金萍，等，2009. 农村土地流转模型及其效应与创新[J]. 中国农业资源与区划，30（1）：1-8.

郭铁民，王永龙，2004. 福建发展循环农业的战略规划思路与模式选择[J]. 福建论坛（11）：83-87.

韩玉堂，2008. 我国循环经济发展的动力机制探析[J]. 青岛科技大学学报：社会科学版，24（4）：46-50.

何可，张俊彪，蒋磊，2013. 生物质资源减碳化利用需求及影响机理实证研究——基于SEM模型分析方法和TAM理论分析框架[J]. 资源科学，35（8）：1 635-1 642.

贺峰，雷海章，2005. 论生态农业与中国农业现代化[J]. 中国人口·资源与环境（2）：23-26.

侯勇，高志岭，马文奇，等，2012. 京郊典型集约化"农田—畜牧"生产系统氮素流动特征[J]. 生态学报，32（4）：1 028-1 036.

胡鞍钢，2012. 中国：创新绿色发展[M]. 北京：中国人民大学出版社.

胡庆年，陈海棠，王浩，2011. 化学需氧量、二氧化碳排污权价格测算[J]. 水资源保护，27（4）：79-82.

黄进勇，王兆骞，2001. 我国生态农业模式建设的区域性[J]. 经济地理（S1）：174-177，186.

黄进勇，2005. 生态农业及其模式研究[J]. 生态农业科学，21（5）：376-379.

季昆森，2005. 循环经济型生态农业——谈循环经济在农业上的应用[J]. 小康生活（1）：38-40.

蒋琳莉，张俊彪，何可，等，2014. 农业生产废弃物资源处理方式及其影响因素分析—来自湖北省的调查数据[J]. 资源科学，36（9）：1 925-1 932.

金鉴明，卞有生，田兴敏，等，2011. 生态农业——21世纪的阳光产业[M]. 北京：清华大学出版社.

金晶，曲福田，吴郁玲，2006. 新农村建设与循环农业体系的构建[J]. 农村经济（10）：92-95.

冷志杰，于晓秋等，2012. 发展农业循环经济的机制与对策研究[M]. 北京：科学出版社.

李冬，2008. 如何构建循环经济发展的动力机制[J]. 经济纵横（4）：58-61.

李谷成，2014. 中国农业的绿色生产率革命：1978—2008年[J]. 经济学（季刊），13（2）：537-558.

李后建，2012. 农户对循环农业技术采纳意愿的影响因素实证分析[J]. 中国农村观察（2）：28-66.

李济广，2015. 增长主义生态批判[M]. 北京：中国环境出版社.

李金才，张士功，邱建军，等，2008. 我国生态农业模式分类研究[J]. 中国生态农业学报，16（5）：1 275-1 278.

李世峰，2010. 生态农业技术与产业化[M]. 北京：中国轻工业出版社.

李文华，2003. 生态农业——中国可持续农业的理论与实践[M]. 北京：化学工业出版社.

李文华，2004. 中国生态农业面临的机遇与挑战[J]. 中国生态农业学报，12（1）：1-3.

李文华，赖世登，1994. 中国农林复合经营[M]. 北京：科学出版社.

李文华，刘某承，闵庆文，2010. 中国生态农业的发展与展望[J]. 资源科学（6）：1 015-1 021.

李新平，黄进勇，马琨，等，2001. 生态农业模式及模式建设建议[J]. 中国生态农业学报，9（3）：83-85.

刘心一，2018. 黔东南山地生态农业发展评价及预测研究[J]. 中国农业资源与区划，39（4）：181-187，205.

骆世明，2008. 生态农业的景观规划、循环设计及生物关系重建[J]. 中国生态农业学报（4）：

805-809.

骆世明，2009. 论生态农业模式的基本类型[J]. 中国生态农业学报（3）：405-409.

骆世明，2018. 中国生态农业制度的构建[J]. 中国生态农业学报，26（5）：759-770.

吕娜，朱立志，2018. 生态循环农业的发展模式及利益联结研究——基于河南漯河市的案例分析[J]. 中国农业资源与区划（4）：83-89.

吕娜，朱立志，2019. 中国农业环境技术效率与绿色全要素生产率增长研究[J]. 农业技术经济（4）：95-103.

马凯，2004. 贯彻落实科学发展观 推进循环经济发展[N]. [2004-10-19]. 人民日报.

马良灿，2014. 理性小农或生存小农——实体小农学派对形式小农学派的批判与反思[J]. 社会科学战线（4）：165-172.

孟丽莎，2007. 城市循环经济的模糊综合评价研究[J]. 中国流通经济（2）：34-37.

Michael Common，Sigrid Stagl，2012. 生态经济学引论[M]. 北京：高等教育出版社.

邱建军，任天志，张士功，等，2008. 生态农业标准体系及重要技术标准研究[M]. 北京：中国农业出版社.

曲格平，2001. 发展循环经济是21世纪的大趋势[J]. 机电产品开发与创新（6）：10-13.

任正晓，2007. 农业循环经济概论[J]. 北京：中国经济出版社.

舒尔茨，2003. 改造传统农业[M]. 北京：商务出版社，33.

宋洪远，1994. 经济体制与农户行为——一个理论分析框架及其对中国农户问题的应用研究[J]. 经济研究（8）：22-35.

孙鸿良，1996. 我国生态农业主要种植模式及其持续发展的生态学原理[J]. 生态农业研究，4（1）：15-22.

田云，张俊彪，何可，等，2015. 农户低碳生产行为及其影响因素分析—以化肥施用和农药使用为例[J]. 中国农村观察，4：61-69.

王朝全，2006. 论循环经济的动力机制与制度设计[J]. 生态经济（8）：56-59.

王革华，1999. 农村能源建设对减排SO_2和CO_2贡献分析方法[J]. 农业工程学报（1）：175-178.

王火根，黄弋华，包浩华，等，2018. 基于Logit—ISM模型的农户生物质能利用意愿影响因素分析[J]. 干旱区资源与环境，32（10）：39-44.

王秀花，2003. 师宗县户用沼气池技术经济评价[J]. 可再生能源（1）：31-32.

王亚伟，张香伟，韩珂，2010. 河南农业循环经济发展评价研究[J]. 广东农业科学（9）：299-301.

王宇，延军平，2010. 自然保护区村民对生态补偿的接受意愿分析——以陕西洋县朱鹮自然保护区为例[J]. 中国农村经济（1）：63-73.

王兆骞，1997. 可持续发展的中国生态农业[J]. 环境导报（2）：32-33.

魏百刚，冯中朝，杨春悦，2009. 农户发展农业循环经济的动力、问题及对策[J]. 中国人口·资源与环境（4）：107-111.

文长存，吴敬学，2016. 农户"两型农业"技术采用行为的影响因素分析——基于辽宁省玉米水稻种植户的调查数据[J]. 中国农业大学学报，21（9）：179-187.

翁伯琦，陈奇榕，黄跃东，等，2006. 循环经济与现代农业[M]. 北京：中国农业科学技术出版社.

吴林海，侯博，高申荣，2011. 基于结构方程模型的分散农户农药残留认知与主要影响因素分析[J]. 中国农村经济（3）：35-48.

吴明隆，2007. 结构方程模型——AMOS的操作与应用[M]. 2版. 重庆：重庆大学出版社.
吴天马，2002. 循环经济与农业可持续发展[J]. 环境导报（4）：4-6.
吴文达，2000. 我国不同类型区生态农业县建设的基本途径与典型模式[J]. 生态农业研究，8（2）：5-9.
伍世良，邹桂昌，林键枝，2001. 论中国生态农业建设的五个基本问题[J]. 自然资源学报（4）：320-324.
肖阳，2018. 农业绿色发展背景下我国化肥减量增效研究[D]. 北京：中国农业科学院.
谢振华，2004. 关于循环经济理论与政策的几点思考[J]. 环境保护（1）：3-8.
辛士波，陈妍，张宸，2014. 结构方程模型理论的应用研究成果综述[J]. 工业技术经济（5）：61-71.
熊瑞权，黄松德，林伟军，2009. 应用信息技术推动循环农业发展[J]. 广东农业科学（9）：279-280，283.
徐鹤，李君，王絮絮，2010. 国外物质流分析研究进展[J]. 再生资源与循环经济，3（2）：29-34.
徐玮，2017. 国有林区林下经济产业发展动力机制研究[D]. 呼和浩特：内蒙古农业大学.
徐卫涛，张俊彪，李树明，等，2010. 循环农业中的农户减量化投入行为分析——基于晋、鲁、鄂三省的化肥投入调查[J]. 资源科学，32（12）：2 407-2 412.
宣亚南，欧名豪，曲福田，2005. 循环型农业的含义、经济学解读及其政策含义[J]. 中国人口·资源与环境，15（2）：27-31.
杨锦秀，王延安，庄天慧，2007. 论循环经济与农业可持续发展——四川农户参与农业循环经济发展状况调查与分析[J]. 农村经济（5）：101-103.
杨俊，陈怡，2011. 基于环境因素的中国农业生产率增长研究[J]. 中国人口·资源与环境，21（6）：153-157.
杨万平，张志浩，卢晓璐，2015. 中国经济发展的可持续性及其影响因素分析[J]. 管理学刊，28（5）：37-45.
杨雪锋，王军，2011. 循环经济：学理基础与促进机制[M]. 北京：化学工业出版社.
叶谦吉，1982. 生态农业[J]. 农业经济问题（11）：3-10.
叶谦吉，1988. 生态农业—农业的未来[M]. 重庆：重庆出版社.
叶堂林，2006. 农业循环经济模式与途径[M]. 北京：新华出版社.
尹昌斌，程磊磊，杨晓梅，等，2015. 生态文明型的农业可持续发展路径选择[J]. 中国农业资源与区划，36（1）：15-21.
尹昌斌，唐华俊，周颖，2006. 循环农业内涵、发展途径及政策建议[J]. 中国农业资源与区划，27（1）：4-8.
尹昌斌，周颖，2008a. 发展循环农业，拓展农业空间和功能[J]. 中国农业资源与区划，2（3）：70-75.
尹昌斌，周颖，2008b. 循环农业发展理论与模式[M]. 北京：中国农业出版社.
余爱珍，汪桂娣，陈幸岗，等，2007. 桑树施用沼液增产效果试验[J]. 中国沼气（1）：40.
喻靖文，2018. 中日两国循环农业发展水平综合评价及障碍因子诊断[J]. 世界农业（8）：125-130.
喻永红，张巨勇，2009. 农户采用水稻IPM技术的意愿及其影响因素——基于湖北省的调查数据[J]. 中国农村经济，（11）：77-86.

翟绪军，2011. 中国农业循环经济发展机制研究 [D]. 哈尔滨：东北林业大学.
张昌蓉，薛惠锋，2008. 循环经济动力机制的系统分析[J]. 西北工业大学学报（社会科学版），28（3）：36-40，66.
张大东，2007. 浙江省循环农业发展模式研究[J]. 中国农业资源与区划，28（6）：75-79.
张俊彪，2010. 生态产业链与生态价值链整合中的循环农业发展研究[M]. 北京：中国农业出版社.
张立国，2011. 农户从事环境友好型农业生产行为研究—基于江西省278份农户问卷调查的实证分析[J]. 农业技术经济（6）：114-119.
张立华，2011. 西部地区生态循环农业发展路径选择与支持体系创新[J]. 经济问题探索（3）：157-160.
张其春，郗永勤，2011. 我国企业发展循环经济的动力机制研究[J]. 西北农林科技大学学报：社会科学版，11（2）：68-74.
张思锋，周华，2004. 循环经济发展阶段与政府循环经济政策[J]. 西安交通大学学报，24（3）：47-52.
张予，林惠凤，李文华，2015. 生态农业：农村经济可持续发展的重要途径[J]. 农村经济（7）：95-99.
章家恩，骆世明，2004. 农业生态安全及其生态管理对策探讨[J]. 生态学杂志，23（6）：59-62.
章政，主立志，宗成峰，2006. 上海市农业循环经济体系的建立与发展模式[J]. 农业经济问题（4）：63-66.
赵大伟，2012. 中国绿色农业发展的动力机制及制度变迁研究[J]. 农业经济问题（11）：72-77.
郑水明，2011. 生态循环农业的浙江实践. 农村工作通讯（11）：22-24.
钟利那，2018. 基于供给侧的贵州省生态农业绩效评价[J]. 中国农业资源与区划（9）：268-273.
周琼，刘德娟，黄颖，等，2017. 稻农四种常用环境友好型技术采用行为研究—对福建省三明市236户稻农的实证调查[J]. 生态经济（12）：114-118.
周荣荣，2002. 县域生态农业综合效益评价与实现途径[J]. 农业经济问题（7）：36-39.
周颖，尹昌斌，2009. 河北省唐山市循环农业发展方向与模式选择[J]. 安徽农业科学，37（34）：17 091-17 093.
周颖，尹昌斌，张继承，2012. 循环农业产业链的运行规律及动力机制研究[J]. 生态经济（2）：36-40.
周震峰，王军，周燕，等，2004. 关于发展循环型农业的思考[J]. 农业现代化研究，25（5）：348-351.
朱立志，2013. 农业发展与生态文明建设[J]. 农业科学院院刊，28（2）：232-238.
朱立志，2014. 生态农业发展的新思路[J]. 高科技与产业化（4）：44-47.
朱立志，2015. 价值链条是循环经济有效运行的保障[J]. 农经（6）：79.
朱立志，2017. 循环经济增值机理：基于农业循环经济的探索[J]. 世界农业（4）：220-225.
朱立志，赵鱼，2012. 沼气的减排效果和农户采纳行为影响因素分析[J]. 中国人口·资源与环境，22（4）：35-39.
诸大建，1998. 可持续发展呼唤循环经济[J]. 科技导报（9）：39-42，26.
诸大建，2000. 从可持续发展到循环型经济[J]. 世界环境（3）：6-12.
Ahmed E M，2012. Green TFP intensity impact on sustainable east Asian productivity growth[J].

Economic Analysis and Policy, 42(1): 67-78.

Ajzen I, 1991. The theory of planned behavior[J]. Organizational Behavior and Human Decision Processes, 50(2): 179-211.

Andersen P, Petersen N C, 1993. A procedure for ranking efficient units in data envelopment analysis[J]. Management Science, 39(10): 1 261-1 264.

Anderson J C, Gerbing D W, 1988. Structural equation modelling in practice: a review and recommended two-step approach[J]. Psychological Bulletin, 103(3): 411-423.

Arellanes P, Lee D R, 2003. The determinants of adoption of sustainable agriculture technologies: evidence from the hillsides of Honduras [R/OL]. https://ageconsearch.umn.edu/record/25826.

Badgley C, Perfecto I, 2007. Can organic agriculture feed the world? [J]. Renewable Agriculture and Food Systems, 22(2): 80-85.

Bagozzi R P, Yi Y, 1988. On the evaluation of structural equation models[J]. Journal of the Academy of Marketing Science, 16(1): 74-94.

Bagozzi R, Yi Y, 1988. On the evaluation of structural equation models[J]. Journal of the Academy of Marketing Sciences, 16: 74-94.

Barrows G, Sexton S, Zilberman D, 2014. Agricultural biotechnology: the promise and prospects of genetically modified crops[J]. Journal of Economic Perspectives, 28(1): 99-119.

Bennett A B, Chi-Ham C, Barrows G, et al., 2013. Agricultural biotechnology: economics, environment, ethics, and the future[J]. Annual Review of Environment and Resources, 38(1): 249-279.

Bollen K A, 1989. Structural equations with latent variables[M]. New York: Wiley.

Caparrós A, Just E, Ziberman D, et al., 2015. Dynamic relative standards versus emission taxes in a Putty-Clay Model[J]. Journal of the Association of Environmental and Resource Economists, 136(2): 277-308.

Carlsson-Kanyama A, Engstrom R, Kok R, 2005. Indirect and direct energy requirements of city households in Sweden: options for reduction, lessons from modeling[J]. Journal of Industrial Ecology, 9(1-2): 221-235.

Chung Y H, Fare R, Grosskopf S, 1997. Productivity and undesirable outputs: A directional distance function approach[J]. Journal of Environmental Management, 51(3): 229-240.

Côté R, Booth A, Louis B, 2006. Eco-efficiency and SMEs in Nova Scotia, Canada[J]. Journal of Cleaner Production, 14(6-7): 542-550.

Davis F D, Bagozzi R P, Warshaw P R, 1989. User acceptance of computer technology: a comparison of two theoretical models[J]. Management Science, 35(8): 903-1 028.

Diop A M, 1999. Sustainable agriculture: New paradigms and old practices? Increased production with management of organic inputs in Senegal[J]. Environment, Development and Sustainability, 1(3): 285-296.

Färe R, Grosskopf S, Norris M, et al., 1994. Productivity growth, technical progress, and efficiency change in industrialized countries[J]. American Economic Review, 84(1): 66-83.

Francis C A, 1990. Sustainable agriculture: myths and realities[J]. Journal of Sustainable Agriculture, 1（1）: 97-106.

Fresner J, 1998. Cleaner production as a means for effective environmental management[J]. Journal of Cleaner Production, 6（3）: 171-179.

Gafsi M, Legagneux B, Nguyen G, et al., 2006. Towards sustainable farming systems: effectiveness and deficiency of the French procedure of sustainable agriculture[J]. Agricultural Systems, 90（1-3）: 226-242.

Gómez-Limón J A, Picazo-Tadeo A J, Reig-Martínez E, 2012. Eco-efficiency assessment of olive farms in Andalusia[J]. Land Use Policy, 29（2）: 395-406.

Granlunda K, Rankinena K, Etheridgeb R, et al., 2015. Ecological recycling agriculture can reduce inorganic nitrogen losses-model results from three Finnish catchments[J]. Agricultural Systems, 133: 167-176.

Gudbrand L, Hardaker J B, Flaten O, 2007. Risk and economic sustainability of crop farming systems[J]. Agricultural Systems, 94（2）: 541-552.

Hailu A, Veeman T S, 2002. Environmentally sensitive productivity analysis of the Canadian pulp and paper industry, 1959—1994: an input distance function approach[J]. Journal of Environmental Economics and Management, 40（3）: 251-274.

Hair J F Jr., Anderson R E, Tatham R L, et al., 1998. Multivariate data analysis[M]. 5th ed. Upper Saddle River: Prentice Hall.

Hansen J W, Jones J W, 1996. A systems framework for characterizing farm sustainability[J]. Agricultural Systems, 51（2）: 185-201.

Hanson J W, 1996. Is agricultural sustainability a useful concept?[J]. Agricultural Systems, 50（2）: 117-143.

Howarth R B, 1998. An introduction to ecological economics[J]. Ecology, 79（8）: 2 969-2 970.

Igbaria M, Zinatelli N, Gragg P, et al., 1997. Personal computing acceptance factors in small firms: a structural equation model[J]. MIS Quarterly, 27（3）: 279-302.

Jiang X, Shu J, 1996. The application of ecological economics on a Chinese ecological farm[J]. Ecological Economy, 1: 24-33.

Jochelson K, 2006. Nanny or steward? The role of government in public health[J]. Public Health, 120（12）: 1 149-1 155.

Kjaerheim G, 2005. Cleaner production and sustainability[J]. Journal of Cleaner Production, 13（4）: 329-339.

Koohafkan P, Altieri M A, Gimenez E H, 2012. Green agriculture: foundations for biodiverse, resilient and productive agricultural systems[J]. International Journal of Agricultural Sustainability, 10（1）: 61-75.

Korhonen J, 2001. Four ecosystem principles for an industrial ecosystem[J]. Journal of Cleaner Production, 9（3）: 253-259.

Kunsen J, 2006. An important way to build a new socialistic countryside: developing circular economy[J]. Ecological Economy, 2: 115-126.

Li W, Min Q, 1999. Integrated farming systems: an important approach toward sustainable agriculture in China[J]. AMBIO, 28(8): 655-662.

López-Nicolás C, Molina-Castillo F J, Bouwman H, 2008. An assessment of advanced mobile services acceptance: contributions from TAM and Diffusion theory models. Information& Management, 45(6): 359-363.

Magdoff F, 2007. Ecological agriculture: principles, practices, and constraints[J]. Renewable Agriculture and Food Systems, 22(2): 109-117.

Manring S L, Moore S B, 2006. Creating and managing a virtual inter-organization learning network for greener production: A conceptual model and case study[J]. Journal of Cleaner Production, 14: 891-899.

McNeely J A, Scherr S J, 2003. Ecoagriculture: strategies to feed the world and save wild biodiversity[M]. Covelo: Island Press.

Moreno G, Sunding D I, 2003. Simultaneous estimation of technology adoption and land allocation[EB/OL]. https://ideas.repec.org/p/ags/aaea03/22134.html.

Moustaki I, Joreskog K G, Mavridis D, 2004. Factor models for ordinal variables with covariance effects on the manifest and latent variables: a comparision of LISREL and IRT approaches[J]. Structural Equation Modeling, 11(4): 487-513.

Oenema O, Witzke H P, Klimont Z, et al., 2009. Integrated assessment of promising measures to decrease nitrogen losses from agriculture in EU-27[J]. Agriculture, Ecosystems and Environment, 133(3-4): 280-288.

Olson R K, 1992. Integrating sustainable agriculture, ecology, and environmental policy[M]. New York: Food Products Press.

Pacini C, Wossink A, Giesen G, et al., 2003. Evaluation of sustainability of organic, integrated and conventional farming systems: a farm and field-scale analysis[J]. Agriculture, Ecosystems and Environment, 95(1): 273-288.

Payne T, Fernandez-Cornejo J, Daberkow S G, 2003. Factors affecting the likelihood of corn rootworm Bt seed adoption[J]. Agbioforum, 2003, 6(1): 657-657.

Piasecki B, 1992. Industrial ecology: an emerging management science. Proc. Natl[J]. Proceedings of the National Academy of Sciences, 89(3): 873-875.

Rigby D, Caceres D, 2001. Organic farming and the sustainability of agricultural systems[J]. Agricultural Systems, 68(1): 21-40.

Sabiha N E, Salim R, Rahman S, et al., 2016. Measuring environmental sustainability in agriculture: a composite environmental impact index approach. Journal of Environmental Management, 166: 84-93.

Shi T, 2002. Ecological agriculture in China: bridging the gap between rhetoric and practice of sustainability[J]. Ecological Economics, 42(3): 359-368.

Shi T, 2002. Ecological economics in China: origins, dilemmas and prospects[J]. Ecological Economics, 41(1): 5-20.

Sorebo O, Eikebrokk T R, 2008. Explaining is continuance in environments where usageis mandatory[J]. Computers in Human Behavior, 25(5): 2 357-2 371.

Vachon S, Klassen R D, 2006. Green project partnership in the supply chain: the case of the package printing industry[J]. Journal of Cleaner Production, 14: 661-671.

Van der Werf H M G, Petit J, 2002. Evaluation of the environmental impact of agriculture at the farm level: a comparison and analysis of 12 indicator-based methods[J]. Agriculture Ecosystems & Environment, 93 (1-3): 131-145.

Wang W H, Jung H S. Salvendy G, 2006. Internationalisation of E-commerce: a comparison of online shopping preference among Korean, Turkish, US populations[J]. Behaviour and Information Technology, 25 (1): 3-8.

World Commission On Environment and Development, 1987. Our Comman Future[M]. New York: Oxdford University Press.

Zhen L, Routray J K, Zoebisch M A, et al., 2005. Three dimensions of sustainability of farming practices in the North China Plain: a case study from Ningjin County of Shandong Province, PR China. Agriculture, Ecosystems and Environment, 105 (3): 507-522.

附录1 部分生态循环农业相关政策法规汇总

类别	名称	法律、政策要点
法律	中华人民共和国宪法，2018.3	第二十六条 国家保护和改善生活环境和生态环境，防治污染和其他公害。
	中华人民共和国循环经济促进法，2008.8	第三十四条 国家鼓励和支持农业生产者和相关企业采用先进或者适用技术，对农作物秸秆、畜禽粪便、农产品加工业副产品、废农用薄膜等进行综合利用，开发利用薄膜等生物质能源。
	中华人民共和国农业法，2012.12	第五十七条 发展农业和农村经济必须合理利用和保护土地、水、森林、草原、野生动植物等自然资源，合理开发和利用水能、沼气、太阳能、风能等可再生能源，发展生态农业，保护和改善生态环境。第五十八条 农民和农业生产经营组织应当保养耕地，合理使用化肥、农药、农用薄膜，增加使用有机肥料，采用先进技术，保护和提高地力，防止农用地的污染、破坏和地力衰退。
	中华人民共和国环境保护法，2014.4	第三十三条 各级人民政府应当加强对农业环境的保护，促进农业环境保护新技术的使用，加强对农业污染源的监测预警，统筹有关部门采取措施，防治土壤污染和土地沙化、盐渍化、贫瘠化、石漠化、地面沉降以及防治植被破坏、水土流失、水体富营养化、水源枯竭、种源灭绝等生态失调现象，推广植物病虫害的综合防治。
	中华人民共和国固体废物污染环境防治法，2020.4	第六十五条 产生秸秆、废弃农用薄膜、农药包装废弃物农业固体废物的单位和其他生产经营者，应当采取回收利用和其他防止污染环境的措施。从事畜禽规模养殖应当及时收集、贮存、利用或者处置养殖过程中产生的畜禽污等污染物，避免造成环境污染。禁止在人口集中地区、机场周围、交通干线附近以及当地人民政府划定的其他地区露天焚烧秸秆。国家鼓励研究开发、生产、销售、使用在环境中可降解且无害的农用薄膜。

附录1　部分生态循环农业相关政策法规汇总

（续表）

类别	名称	法律、政策要点
法律	中华人民共和国农产品质量安全法，2018.10	第二十一条　对可能影响农产品质量安全的农药、兽药、饲料和饲料添加剂、肥料、兽医器械，依照有关法律、行政法规的规定实行许可制度。国务院农业行政主管部门、省、自治区、直辖市人民政府农业行政主管部门应当定期对可能危及农产品质量安全的农药、兽药、饲料和饲料添加剂、肥料等农业投入品进行监督抽查，并公布抽查结果。第二十二条　县级以上人民政府农业行政主管部门应当加强对农业投入品使用的管理和指导，建立健全农业投入品的安全使用制度。第二十三条　农业科研教育机构和农业技术推广机构应当加强对农产品生产者安全质量知识和技能的培训。
	中华人民共和国土地管理法，2019.8	第四十二条　国家鼓励土地整理。县、乡（镇）人民政府应当组织农村集体经济组织，按照土地利用总体规划，对田、水、路、林、村综合整治，提高耕地质量，增加有效耕地面积，改善农业生产条件和生态环境。
国家层面政策、文件	农业部关于打好农业面源污染防治攻坚战的实施意见，2015.4	大力发展现代生态循环农业。推进浙江省现代生态循环农业示范省建设，深入实施现代生态循环农业示范省建设基地，积极探索现代生态循环农业模式，构建现代农业技术体系、示范化生产体系和社会化服务体系。依托国家现代农业示范区和国家农业科技创新与集成示范基地，以河道植业减量化利用、畜禽养殖废弃物循环利用、秸秆高值利用、水产养殖污染减排、农田残膜回收利用、农村生活污水处理等为重点，扶持和引导以市场化运作为主的生态循环农业建设，探索形成产业相互整合、物质多级循环利用的产业结构和生态布局。
	全国农业可持续发展规划（2015—2030年），2015.5	推进生态循环农业发展。优化调整种养业结构，开展粮改饲和种养结合型循环农业试点，因地制宜推广"节水、节肥、节药等节约型农业技术，以及"稻鱼共生"、"猪沼果"、林下经济等生态循环农业模式，到2020年国家现代农业示范区和粮食主产县基本实现区域内农业资源循环利用，到2030年全国基本实现农业废弃物趋零排放。
	中共中央　国务院关于加快推进生态文明建设的意见，2015.4	发展循环经济。按照减量化、再利用、资源化的原则，完善再生资源回收体系，实行垃圾分类回收，加快建立循环型工业、农业、服务业体系，提高全社会资源产出率。农林废弃物以及建筑垃圾、餐厨废弃物资源化利用，发展再制造和再生利用产品，鼓励纺织品、汽车轮胎等旧物品回收利用。全面推进农业面源污染防治。加强农业面源污染治理，科学施用化肥、农药，推广节能环保型炉灶，净化农产品产地和农村居民生活环境高水效处理，推进秸秆等农业特别是规模化畜禽养殖污染治理

（续表）

类别	名称	法律、政策要点
国家层面政策、文件	国家发展改革委、农业部、林业局关于加快发展农业循环经济的指导意见，2016.2	到2020年，建立起适应农业循环经济发展要求的政策支撑体系，基本构建起循环型农业产业体系。建设和推广一批具有示范引领作用的农业、林业和工农复合型的循环经济示范园区，示范基地、示范企业和先进适用技术，总结凝练一批可借鉴、可复制、可推广的农业循环经济发展典型模式，推动农业发展方式转变。
	全国农村经济发展"十三五"规划，2016.10	发展资源节约和环境友好型农业。切实保护耕地资源。发展高效节水农业。全面加强农业面源污染防控：改进施肥结构和方式，推广高效低毒低残留农药、生物农药；推进农药包装物和地膜回收利用；大力推进畜禽粪污资源化利用，努力实现生态消纳或达标排放，推行病死畜禽无害化处理；推动秸秆收储运输市场化运作和秸秆肥料化、饲料化、基料化、燃料化、原料化应用。
	农业资源与生态环境保护工程规划（2016—2020年），2016.12	实施耕地质量保护与提升化肥行动，增加土壤有机质，实行耕地轮作休耕制度试点。深入实施测土配方施肥，实施果菜茶有机肥替代化肥行动，引导农民施用有机肥、种植绿肥、沼渣沼液还田等方式减少化肥使用。继续实施农作物病虫害专业化统防统治和绿色防控。加快推进畜禽养殖粪污处理、食用菌基料化利用、链条的病死畜禽无害化处理体系。实施秸秆机械还田、腐熟还田、青黄贮饲料化、材料化成型等项目，建立健全秸秆收储运体系。建设一批菌废旧地膜回收网点和加工，推广生产和使用厚度0.01毫米以上的地膜，探索地膜使用量控制机制。大力发展节水农业，加大粮食主产区、严重缺水区和生态脆弱水区高效节水灌溉工程建设力度。
	农业综合开发区域生态循环农业项目指引（2017—2020年），2016.9	2017—2020年建设区域生态循环农业项目300个左右，积极推动资源节约型、环境友好型和生态保育型农业发展，提升农产品质量安全水平，标准化生产水平和农业可持续发展水平。
	全国农业现代化规划（2016—2020年），2016.10	建设300个种养结合循环农业发展示范县。促进种养业绿色发展。以畜禽养殖场为重点，建设大型沼气工程、生物质燃气提纯利用及有机肥加工设施，发展以沼气为纽带的生态循环农业。

附录1　部分生态循环农业相关政策法规汇总

（续表）

类别	名称	法律、政策要点
国家层面政策、文件	关于创新体制机制推动农业绿色发展的意见，2017.9	把农业绿色发展摆在生态文明建设全局的突出位置，全面建立以绿色生态为导向的制度体系，基本形成与资源环境承载力相匹配、与生产生活生态相协调的农业发展格局，努力实现耕地数量不减少、耕地质量不降低，地下水超采、化肥、农药使用量零增长，秸秆、畜禽粪污、农膜全利用，实现农业可持续发展，农民生活更加富裕，乡村更加美丽宜居。到2020年，资源利用更加节约高效。耕地灌溉水有效利用系数提高到0.55以上。到2030年，全国地质量平均比2015年提高0.5个等级，农田灌溉水有效利用系数提高到0.6以上。到2030年，主要农作物化肥、农药使用量实现零增长，农膜回收率达到产地环境更加清洁。到2020年，主要农作物化肥、农药使用率达到75%，化肥、农药利用率达到80%。到2030年，化肥、农药利用率进一步提升，农业废弃物全面实现资源化利用。
	种养结合循环农业示范工程建设规划（2017—2020年），2017.8	到2020年，建成300个种养结合循环农业发展示范县，示范县种养布局更加合理，基本上实现作物秸秆、畜禽粪便的综合利用，畜禽粪污综合处理利用率达到75%以上，秸秆综合利用率达到90%以上。新增畜禽粪便处理利用能力2600万吨、废水处理能力30000万吨，秸秆综合利用能力3600万吨，探索不同地域、不同体量、不同品种的种养结合循环农业典型模式。
	中共中央国务院关于实施乡村振兴战略的意见，2018.1	加强农村突出环境问题综合治理。加强农业面源污染防治。开展农业绿色发展行动，实现投入品减量化，生产清洁化，废弃物资源化，产业模式生态化。推进农村水环境治理和农村饮用水水源保护，实施农村人居环境整治三年行动计划。加强农村水环境治理和农村饮用水水源保护，实施农村生态清洁小流域建设。废弃农膜回收，扩大华北地下水超采区综合治理范围。推进重金属污染耕地防控和修复，开展土壤污染治理与修复技术应用试点，加大东北黑土地保护力度。实施流域环境和近岸海域综合治理。严禁工业和城镇污染向农业农村转移。加强农村环境监管能力建设，落实县乡两级农村环境保护主体责任。
	中共中央国务院关于全面加强生态环境保护坚决打好污染防治攻坚战的意见，2018.6	打好农业农村污染治理攻坚战。修订并严格执行化肥农药等农业投入品质量标准，严格控制高毒高风险农药使用，推进有机肥替代化肥，病虫害绿色防控替代化学防治化学农药使用量实现零增长，化肥农药使用量实现零增长。到2020年，化肥农药使用量实现零增长，合理布局水产养殖空间，深入推进水产健康养殖。到2020年，全国畜禽粪污综合利用和开展重点江河湖库及重点近岸海域破坏生态环境的养殖场配套设施装备配套率达到95%以上。就地就近消纳利用畜禽养殖废弃物。合理布局水产养殖空间，深入推进水产健康养殖。到2020年，全国畜禽粪污综合利用率达到75%以上，规模养殖场粪污处理设施装备配套率达到95%以上。

（续表）

类别	名称	法律、政策要点
	农业农村部关于深入推进生态环境保护工作的意见，2018.7	推进化肥减量增效，实施果菜茶有机肥替代化肥行动。推进农药减量增效，加大绿色防控力度，加强病虫绿色防治与专业化统防统治融合基地示范建设，推动绿色防控替代化学防治，推进农作物病虫害专业化统防统治，扶持专业化病虫害防治服务组织，集成推广全程农药减量控害模式，稳定实现农药使用量负增长。推进畜禽粪污资源化利用，根据资源环境承载力，优化畜禽养殖区域布局，推进畜牧大县整县实现畜禽粪污资源化利用，支持规模养殖场第三方建设粪污处理设施，推动形成畜禽粪污资源化利用可持续运行机制。推进秸秆综合利用，以东北、华北地区为重点，整县推进秸秆综合利用试点，积极开展肥料化、饲料化、燃料化、基料化和原料化利用。加大农用地膜新国家标准贯力度，做好地膜农资打限工作，加快推进加厚地膜应用，研究制定农膜管理办法，健全回收加工体系。
国家层面政策、文件	中共中央 国务院关于坚持农业农村优先发展做好"三农"工作的若干意见，2019.1	加强农村污染治理和生态环境保护。统筹推进山水林田湖草系统治理，推动农业农村绿色发展。加大农业面源污染治理力度，开展农业节肥节药行动，实现化肥农药使用量负增长。发展生态循环农业。推进畜禽粪污、秸秆、农膜等农业废弃物资源化利用，实现畜牧养殖大县粪污资源化利用整县治理全覆盖，下大力气治理白色污染。扩大轮作休耕制度试点。创建农业绿色发展先行区。实施乡村绿化美化行动，建设一批森林乡村，保护古树名木，开展湿地生态效益补偿和退耕还湿。全面保护天然林。加强"三北"地区退化防护林修复，扩大退耕还林还草，稳步实施退牧还草。实施新一轮草原生态保护补助奖励政策。落实河长制、湖长制，推进农村水环境治理，严格河湖岸水域岸线等水生态空间管理。
	中共中央 国务院关于抓好"三农"领域重点工作确保如期实现全面小康的意见，2020.1	治理农村生态环境突出问题。大力推进畜禽养殖场粪污治理设施建设。深入开展农药化肥减量行动，基本完成大规模养殖场粪污治理设施建设。深入开展农药化肥减量行动，加强农膜污染治理，推进秸秆综合利用。常年禁捕，做好渔民退捕工作。推广黑土地保护有效治理模式，推进侵蚀沟做沟治理，在长江流域重点水域实行保护性耕作行动计划。稳步推进农用地土壤污染管控和修复利用。启动实施东北黑土地保护性耕作行动计划。稳步推进农用地土壤污染管控和修复利用。启动农村水系综合整治试点。

144

附录1 部分生态循环农业相关政策法规汇总

（续表）

类别	名称	法律、政策要点
省级层面政策、文件	北京市"十三五"时期都市现代农业发展规划，2018.12	坚持绿色发展理念，立足资源可管理能力，环境可承载能力，环境可容纳能力，围绕水土资源去库存、成本、生态建设补短板，突出强化农业的生态功能。发展农业正外部性，生态农业和循环农业，推进节水、节肥、节药等资源节约型、环境友好型农业发展，推动农业降成本，农业投入品降部性，强化农业面源污染防治，促进农业废弃物资源化利用和农业节能减排，为和谐宜居之都建设提供有效支撑。丰富首都市民生活，减少农业负外
	天津市农业和农村经济发展"十三五"规划，2018.12	提高资源利用率，实现生产绿色化、标准化、信息化、规模化、品牌化，实现生产"一控两减三基本"目标，控制农业用水，大力发展节水农业，推广水肥一体化技术，使农田灌溉水有效利用系数提高到0.72。减少化肥，实施化肥、农药零增长行动，坚决防止再生面源污染。全面实施测土配方施肥，推动缓控释肥、水溶肥、生物有机肥等新型肥料的应用与推广，实现主要农作物测土配方施肥全覆盖，到2020年实现化肥使用量零增长，化肥利用率提高到40%以上；扩大低毒生物农药补贴项目实施范围，加快生物农药、高效低毒低残留农药推广应用，主要农作物农药利用率提高到40%以上。
	河北省现代农业发展"十三五"规划，2016.5	集成示范农业资源高效利用、环境综合治理、生态有效保护等不同区域或先进适用技术，开展绿色畜牧业、健康水产、种养结合、农业可持续发展示范区创建，探索适合不同区域的农业可持续发展管理与运行机制，形成可复制、可推广的农业可持续发展典型模式，打造可持续发展农业的样板。到2020年，全省创建畜牧业绿色发展示范县10个，水产健康养殖示范县5个，种养结合生态循环绿色农牧业试点2个，农业可持续发展示范县30个，示范园区200个，循序渐进地扩大示范推广范围，稳步推进农业可持续发展。
	辽宁省现代农业发展"十三五"规划，2016.6	加强农业废弃物资源循环利用。重点实施秸秆还田及综合利用，全省秸秆综合利用率达到90%；推广沼气生产新技术新工艺和节能示范应用；加强面源污染治理；推进畜禽场粪污综合处理建设；推进病死畜禽无害化处理体系建设，开展农业投入品回收利用体系和养殖结合循环农业工程施建设，推进畜禽养殖废弃物资源化处理应用，开展农业投入品回收利用体系和养殖结合循环农业工程建设。

（续表）

类别	名称	法律、政策要点
省级层面政策、文件	上海市现代农业"十三五"规划，2016.9	上海城外农业主产区主要构建种源、高效生态循环农业体系、粮食生产、畜禽养殖、水产养殖，区域生态人文建设为一体的质量和土壤环境监测和修复。实施主要农作物分子育种，生态循环农业技术创新与示范重大项目。加强耕地用，以规模化畜禽养殖场为重点开展畜禽粪尿生态消纳和资源化利用，大力发展种养结合循环农业。全面实施农作物秸秆禁烧、加强水肥一体化节水技术等生态技术研发和应
	江苏省现代生态循环农业发展规划，2017.2	构建"种植业—秸秆—畜禽养殖—粪便—沼渣/沼液—种植业"等循环利用模式，推进"互联网+"在现代生态循环农业发展中的运用，养殖业—畜禽粪便—沼渣/沼液—种植业"等循源、物流、旅游、信息一体化和一、二、三产业联动发展的现代复合型循环产业体系。
	浙江省现代生态循环农业发展"十三五"规划，2016.6	围绕"一控两减四基本"目标任务和加快转变农业发展方式，促进农业可持续发展要求，着力实现产业布局生态化、农业生产清洁化、废物利用资源化，制度体系常态化。到2017年，基本建立起现代生态循环农业制度体系和可持续发展长效机制，到2020年，建成全国现代生态循环农业先行区，为加快推进"双高"农业强省建设和率先实现农业现代化打好扎实基础。
	福建省"十三五"现代农业发展专项规划，2016.5	发展循环农业：优化调整种养业结构，促进种养循环、农牧结合、农林结合，建立多物种共处、多层次配置、多级循环利用的生态农业体系。推广牧沼果、稻鱼蛙、鱼虾贝藻等立体种养模式。推动种养业、农产品加工废弃物利用的综合利用，推广畜禽粪便等有机肥加工，农作物秸秆过腹还田。
	山东关于创新体制机制推进现代农业绿色发展的实施意见，2018.7	发展现代生态循环农业，拓展农业生态功能，积极发展休闲农业、创意农业、智慧农业，塑造终端体验型、循环型、智慧型新产业新动态，构建全环节提升、全链条增值、全产业融合的农业发展新格局。到2020年，创建省级生态循环示范县30个，创建省级休闲农业和乡村旅游示范县40个。
	广东省农业现代化"十三五"规划，2017.3	发展高效循环农业将调整农业结构，促进种养业协调发展作为"转方式"的重要任务，逐步调减糖蔗等低产值作物面积，加快发展地方特色产业。统筹考虑种养规模和环境消纳能力，发展种养结合、种地养地结合，林下立体经营等生态循环农业。开展粮改饲和种养结合模式试点，构建循环农业体系。到2020年，现代农业示范区及优质水稻产业基本实现农业资源循环利用。

附录1 部分生态循环农业相关政策法规汇总

(续表)

类别	名称	法律、政策要点
省级层面政策、文件	海南省现代农业"十三五"发展规划，2016.9	遵循循环经济理念，大力发展节水、节肥、节药农业，以畜禽粪污、秸秆、农膜、病死畜禽等废弃物循环利用为重点，加大农业面源污染治理力度，实现农业资源高效利用，强化农产品产地环境监测能力，提升耕地质量，发展生态循环农业园区，促进农产品质量安全水平，创建生态循环农业示范省。
	山西省"十三五"现代农业发展规划，2016.9	以推进农业可持续发展战略为契机，以绿色、生态、循环发展、低碳为核心，打造绿色无公害农产品主产区，生态循环农业示范区和道地中药材集中连片发展区。支持龙头企业开展质量管理体系和无公害农产品、有机农产品、绿色食品、有机农产品认证，提高农产品质量安全水平。发展循环农业可持续发展模式示范，推行"猪－沼－菜(果)"、"鸡－粪肥－菜(果)"等生态循环养殖模式，推进农业可持续发展模式示范。
	吉林省农业可持续发展规划(2016—2030年)，2016.3	开展粮改饲和种养结合型循环农业建设项目，启动实施循环农业建设试点，探索秸秆肥料化、饲料化、燃料化、原料化和基料化等秸秆综合利用技术，普及推广秸秆还田、秸秆沤肥、秸秆养畜、"玉米秸秆多元化应用"等农牧结合循环农业发展模式。秸秆培食用菌、畜禽粪便综合处置等技术，建立"猪－沼－菜"等农牧结合循环农业发展模式。
	黑龙江省生态环境保护"十三五"规划，2016.12	健全支持政策，实施减化肥、减农药、减除草剂，鼓励使用有机肥和绿肥，生物农药，开展农业化学投入品替代示范项目，推广以测土配方施肥技术为核心的多种科学施肥模式。开展农作物病虫害绿色防控和统防统治，强化对农膜使用、化肥农药及其废弃包装物的环境管理。全面推进亿亩田生态高产标准农田建设，优先在各级温地自然保护区现有农田中开展绿色有机农业种植推广示范。发展绿色、有机农业。以流域为单元，优化调整农业结构和布局，推广资源节约型农业清洁生产技术，推动资源节约型、环境友好型、生态保育型农业发展。
	安徽省"十三五"种植业发展规划，2017.5	启动实施种养结合循环农业示范工程。推广"冬闲田种草和粮草轮作"，扩大青贮玉米种植面积。推广稻鸭共育、稻鱼(虾、鳖)共生等种养模式，支撑发展大健康农业产业。推进县域生态农业大循环，现代农业示范区生态小循环，企业主体的生态中循环，推进资源节约利用，实现分散小生产向社会化大生产的转变。

147

(续表)

类别	名称	法律、政策要点
省级层面政策、文件	江西省"十三五"农业现代化规划，2016.12	大力发展循环农业。积极推广畜禽粪便综合利用技术、秸秆综合利用技术等农业农村节能减排技术，促进种养循环、农牧结合、农林结合，农业主要投入品节约技术、农业废弃物资源化利用、开展粮改饲和种养结合型循环农业试点。因地制宜发展草腐类食用菌、猪沼果、林下经济等生态循环种养模式。
	河南省"十三五"现代农业发展规划，2017.1	坚持绿色发展。把绿色作为推动现代农业发展的重要标志，加快形成资源利用高效、产品质量安全、生态环境良好、田园风光秀美的发展格局。"十三五"期间，每年依托生态循环农业示范县，创建30个生态循环农业企业（国家级10个，省级20个），500个生态畜牧示范基地；到2020年，创建30个畜牧业绿色发展示范县（国家级10个，省级20个），500个生态畜牧业示范场。
	湖北省农业发展"十三五"规划纲要，2016.10	加快建设一批生态、循环、高效农业示范县，乡（镇）、国有农场，园区，加快构建"主体小循环、园区中循环、县域大循环"的生态循环农业体系，重点推进四湖流域、汉江流域发展生态循环农业；加快推进规模养殖场（区）工厂化、循环化、生态化养殖、重点推广节水农业技术、节油节电等机械技术，积极推进稻渔综合种养，促进物质和能量良性循环，认真落实禁用农兽药，饲料添加剂等规定。加大环保型农兽药和饲料的推广应用。大力推进农作物病虫害统防统治和绿色防控。
	湖南省"十三五"农业现代化发展规划，2016.8	大力推进农药化肥零增长行动，测土配方施肥覆盖率达到90%以上，主要农作物绿色防控覆盖主要农作物面积分别达到3 000万亩和2 000万亩以上。病虫害专业化统防统治覆盖主要农作物应用率达到50%以上。农药减量即将应用率达到40%以上。推进农业面源污染治理，每个县市区设置农业环境定位监测点，建立动态监测数据库和环境风险预警体系。推进农业面源污染综合示范，加强畜禽粪污和病死畜禽处理设施建设，实现畜禽养殖废弃物集中收集，建设1 000个农牧结合示范点。加强农业用水管理，建设节水设施，推广水肥一体化节水技术，处理和资源化利用。建设生物天然气工程5处，在规模养殖场建设大中型沼气工程300处，发展农村清洁能源，中小型沼气工程1 000处，宜地区多能互补清洁能源综合利用实体50家，中小型沼气工程50处，在适宜地区多能互补清洁能源综合利用实体200个；扶持秸秆综合利用示范村200个，循环农业示范场50个。

附录1 部分生态循环农业相关政策法规汇总

（续表）

类别	名称	法律、政策要点
省级层面政策、文件	内蒙古自治区农牧业现代化第十三个五年发展规划，（2016—2020年），2017.3	大力发展资源节约型、环境友好型、生态保育型农牧业。实施化肥农药零增长行动，坚持化肥减量提效、农药减量控害，加大对化肥和农药过量使用造成危害的宣传力度，依托新型农牧业经营主体和专业社会化服务组织，主推测土配方施肥、水肥一体化、机械适期适量施肥等技术，突出抓好典型示范，带动大面积科学施肥增效措施落实。强化资源化利用和无害化处理。支持秸秆机械化还田、青黄贮饲料化、微生物腐化利用及固化炭化及多元化利用方式等新技术示范，加快秸秆收储运体系建设。加快可降解农膜研发和应用，开展区域性残膜回收与综合利用，扶持建设一批废旧农膜回收加工网点，积极推行企业回收废旧农膜换市场行动。认真执行《水污染防治行动计划》，推进农牧业废弃物资源化利用，落实畜禽规模养殖环境影响评价制度。
	广西壮族自治区现代农业（种植业）发展"十三五"规划（2016—2020年），2017.5	加快转变农业发展方式，有效保护和合理利用农业资源，改善农业生态环境，探索新型农作制度，大力推广集约化生态种植模式，大力发展经济循环型、资源节约型农作、生态效益的协调统一，实现农业可持续发展。发展绿色循环农业。推动农业内部融合发展，推广"稻灯鱼菇"、桑基鱼塘，农作物秸秆—饲料—牛羊养殖—沼气—有机肥—还田等环境友好型发展模式，实现绿色循环发展。大力推广"稻鱼共生"、"猪沼果"等生态循环农业模式和合理间套种技术，大力发展冬季农业，提高资源利用效率。
	重庆市农业农村发展"十三五"规划，2016.10	积极发展生态循环农业。开展生态循环农业创新试点和生态经济示范区建设，发展种养结合循环农业。支持粮食主产区发展畜牧业，推广"稻渔同田"、"鱼菜共生"、"粮菜共生"，积极推进粮改饲，推行"过腹还田"、"畜—沼—菜（果）"、新型种养型、"畜—沼—菜（果）"复合生态型、"林—药—菌"、"秸秆—饲料—畜—茶（果）"农牧特结合型、"粮—瓜—菜"立体种植、节药节肥、节水节能、山区资源开发型等模式。"十三五"期间，全市新建生态区县10个，生态示范镇100个，示范村1 000个。

149

（续表）

类别	名称	法律、政策要点
	四川省"十三五"农业和农村经济发展规划，2017.4	按照农牧结合、种养平衡的要求，大力推行农牧结合的生态养殖方式，合理布局特色种植和养殖业，大力推进区域生态循环农业示范建设，提高农业生产与资源环境匹配度，有机肥需求量大的蔬菜、水果等基地配套建设养殖场；发展规模养殖，养殖场的规模与种植业基地的规模相匹配，与资源环境承载能力相适应；规划种植业产业基地，同步规划养殖用地。推行草畜平衡制度和禁牧休牧轮牧制度，努力提高草地畜牧业经济效益。大力推行政府和社会资本合作（PPP）模式，推广"高效种植业—生态养殖业—沼气工程—有机肥料"和林下种养殖+绿色种植"生态养殖+沼气+绿色种植"产业发展模式，构建粮经饲统筹、种养加一体、农林牧渔结合的产业综合利用，强化农业废弃物综合利用，打通畜禽废弃物还田利用的通道。
省级层面政策、文件	贵州省"十三五"现代山地特色高效农业发展规划，2017.2	依托石漠化治理和"两江"上游重要生态屏障建设，推进农业生态建设和环境保护。建立和完善农业生态环境监测网络体系，重点实施化肥和农药等农业投入品、农业面源污染监测，全面推行农作物测土配方施肥和病虫害绿色防控统防统治融合，实现化肥农药使用量零增长。严格畜禽养殖准入审批，大力推广秸秆养畜、秸秆气化和固化成型发电，积极推广使用以畜禽粪便、秸秆、食用菌菌渣等农业废弃物为原料的商品有机肥。全面推进渔业健康养殖，积极开展增殖放流活动，有效保护渔业资源和水域生态。建立和完善高效的水土保持耕作技术体系，控制农业种植区的土壤侵蚀，增强农田土壤蓄水能力。
	云南省高原特色现代农业产业发展规划（2016—2020年），2017.1	加强农业面源污染综合治理，实施化肥农药减量增效行动，推广高效低毒低残留农药和现代植保机械，推行秸秆还田，增施有机肥，农膜减量和回收利用，加强农药包装废弃物回收处理，加强畜禽养殖污染防治综合利用。统筹推进流域水生态保护与治理，切实做好高原湖库农业面源污染综合防治示范。实施草原生态保护补助奖励政策，建设生态牧场。

附录1 部分生态循环农业相关政策法规汇总

（续表）

类别	名称	法律、政策要点
	陕西省"十三五"现代农业发展规划（2016—2020年），2016.3	调整优化区域布局，加快形成与农业资源环境承载力相匹配的农业生产新格局，转变资源利用方式，大力发展资源节约型、环境友好型、生态保育型农业。一是推进生态循环农业发展，探索旱区农牧业可持续发展模式，积极开展种养结合，发展雨养旱作农业，草食畜牧业及生态循环农业。推行清洁化生产，大力推广节地、节肥、节药、节种技术，农膜、秸秆、畜禽污基本资源化利用，即控制农业用水总量，减少化肥、农药使用总量。实施农业环境保护行动计划，实现"一控两减三基本"目标，即控制农业用水总量，调整种植结构，改良土壤。采取休耕、轮作、同种植结构，改良土壤，采取休耕、轮作、同耕等措施，治理重金属污染耕地，任确保粮食安全基础上，调整种植结构，改良土壤、草地建设，继续实行封山禁牧、舍饲养殖、控制草原鼠害，全面开展村庄人居环境综合整治，推进农村生活垃圾、污水处理和改厕，水环境整治、河道、加快农村改厕，水环境整治河道，加快农村房水路电网等基础设施和基本公共服务设施，建设美丽乡村。
省级层面政策、文件	甘肃省循环农业产业发展专项行动计划，2018.6	循环农业示范建设取得突破。创新推广以秸秆和畜禽粪便利用为纽带的循环农业发展技术和模式，打造一批循环农业示范样板和亮点，力争创建种养结合循环农业发展示范县30个，循环农业示范基地面积达到2 000万亩以上，粮改饲面积达到800万亩以上，占粮食播种面积的20%。农业废弃物资源化利用率显著提升。全省秸秆综合利用率达到86%以上，规模化畜禽养殖场粪便处理利用率达到75%以上，废旧农膜回收利用率达到80%以上，尾菜处理利用率达到50%以上。农业投入品使用减量节约。全省年节约农业用水15亿方，农田灌溉水有效利用系数提高到0.57，主要农作物测土配方施肥技术推广覆盖率达到90%以上，绿色防控技术覆盖率达到30%以上，主要农作物化肥、农药使用量零增长行动。
	青海省农业现代化实施方案（2016—2020年），2017.4	实施化肥农药使用量零增长行动。围绕节本增效，开展有机肥替代化肥和测土配方施肥试点，推进测土配方施肥试点，推广秸秆综合利用技术，健全有机肥资源利用，提高肥料利用率，测土配方施肥技术推广覆盖率达到90%以上，大力推进绿色防控和专业化统防统治，农作物病虫害统防统治覆盖率达到40%以上，保障农牧业生产安全、农畜产品质量安全生态环境安全。推动农业废弃物资源化利用无害化处理。推进畜禽粪污资源化利用，推广秸秆综合利用技术，健全畜禽粪污无害化处理机制，实现农牧业废弃物资源化利用和无害化处理。开展农业可持续发展试验示范区和绿色发展示范县创建，整县制推进废弃物资源化利用示范。健全农田残膜回收利用机制。

151

续表

类别	名称	法律、政策要点
省级层面政策、文件	宁夏回族自治区现代农业"十三五"发展规划，2017.3	发展种养结合循环农业。突出农牧结合、种养循环，大力推进"以养定种、种养结合"，通过养殖环节带动农业增产增效、以有机肥及转化增值；强化畜禽粪污的综合利用，养殖粪污综合利用为重点，加大耕地质量提升和清洁能源应用，形成种养互动的绿色循环链。积极开展农业可持续发展试验示范县（农业废弃物资源化可持续发展试点县）5个，示范乡镇50个；以畜禽规模化养殖场为重点，建设大型沼气、生物质燃气及有机肥加工设施，发展以沼气为纽带的生态循环农业；加快农业资源循环高效利用技术集成，探索适合不同区域的农业可持续发展管理与运行机制模式。
	新疆维吾尔自治区畜牧业现代化"十三五"发展规划，2017.6	"启动实施种养结合循环农业示范工程，推动种养结合、农牧循环发展"相关要求，选择产业基础好、发展思路清晰、推进种养结合意愿强烈的奶牛养殖大县，重点对已有的中小规模养殖场进行存量整合和转型升级。争取每年扶持1个试点县，补助资金主要支持粪污处理利用、种养结合设施完善、养殖设施改造等相关方面建设。整县推进种养废弃物资源化利用，促进种养殖业与养殖业协调发展。
	西藏自治区"十三五"时期农牧业发展规划（2015—2020年），2017.9	落实中央"推动农业可持续发展"要求，农业投入持引导种养结合紧密、农牧循环经济基础较好的企业，因地制宜推行种养结合一体化，"三改两分再利用"、污水深度处理模式，养殖密集区废弃物集中处理和达标排放。 贯彻落实"一控两减三基本"的要求，落实好农业用水定额，加快实施农田高效节水灌溉工程，积极推广"节水品种、发展节水农业、深入推进化肥流通体制改革，推广测土配方施肥和农作物病虫草鼠统防统治、鼓励使用有机肥和生物农药，在蔬菜、水果等园艺作物生产上率先开展有机肥替代化肥计划、融合推广"科学、生态、经济施肥和绿色生产技术，力争实现全区化肥、农药施用总量零增长；在主要区推进种养循环一体化发展，推广粪污和农产品加工"三废"，秸秆综合利用技术，加强农用位能源头监控和回收利用。转变发展方式，加快推广"先进、节能农机装备，降低农畜产品生产和加工单位能耗，促进节能减排。大力开发农村新能源，实施大中型沼气、牧区生物质能炉等新柴替代工程，提高农村能源利用效率。

152

附录2 2017年漯河调研问卷

您好!

我课题组正在进行农户生态循环农业行为、意愿的课题研究,作为农业生产者,您的意见对本次调研意义重大,希望能够得到您的配合,以确保本研究结论更具有科学性。我们保证对调研问卷中您的看法和个人信息保密。谢谢您的配合!

调查员姓名:_____ 日期:_____
区:_____ 乡:_____ 村:_____
受访者姓名:_____ 电话:_____

一、农户家庭基本情况

1. 户主年龄 ____
2. 户主的性别 ____

   A. 男
   B. 女

3. 户主受教育程度 ____

   A. 小学及以下
   B. 初中
   C. 高中、中专、职高
   D. 大专及以上

4. 您家庭人口总数 ____
   家中从事农业生产劳动力人数 ____
   外出务工人数 ____

5. 您家一共种了_____亩地（含流转地）

6. 您家2016年的农业总收入为_____元

7. 您家是否已加入农民专业合作社？_____
    A. 是
    B. 否

8. 您是否兼业？_____
    A. 是
    B. 否

9. 您家是否建有沼气设备？_____
    A. 有
    B. 无

10. 您所在村是否有农业技术指导员？_____
    A. 有
    B. 无

11. 您家离所在乡政府的距离为_____里。

二、农业生产行为情况

1. 您家是否施用有机肥、生物肥？_____
    A. 是
    B. 否

2. 您是否接受过施肥技术指导？_____
    A. 是
    B. 否

3. 您家如何处理人畜粪便？_____
   A. 直接还田
   B. 部分还田，部分扔掉
   C. 扔掉
   D. 沼气原料

4. 您家小麦秸秆是如何处理的？_____（可以多选）
   A. 秸秆粉碎直接还田
   B. 秸秆堆沤还田
   C. 饲料
   D. 沼气利用
   F. 做饭或取暖
   G. 扔掉不用

5. 您家玉米秸秆是如何处理的？_____（可以多选）
   A. 秸秆粉碎直接还田
   B. 秸秆堆沤还田
   C. 饲料
   D. 沼气利用
   F. 做饭或取暖
   G. 扔掉不用

三、农户对生态循环农业的认知（此处生态循环农业及其技术是指目前提倡的清洁生产、绿色生产以及与沼气工程有关的农业生产活动，如减少化肥农药用量、秸秆粉碎还田、节水灌溉、施用有机肥、生物农药、畜禽粪便再利用等。）**请您在认可的答案后面打√。**

1. 发展生态循环农业能够带来更高的经济收入
   非常不同意（ ）   不同意（ ）   一般（ ）
   同意（ ）   非常同意（ ）

2. 发展生态循环农业能够减少环境污染
   非常不同意（ ）　　　不同意（ ）　　　一般（ ）
   同意（ ）　　　　　　非常同意（ ）

3. 发展生态循环农业能够节约资源
   非常不同意（ ）　　　不同意（ ）　　　一般（ ）
   同意（ ）　　　　　　非常同意（ ）

4. 生态循环农业产品有利于人类身体健康
   非常不同意（ ）　　　不同意（ ）　　　一般（ ）
   同意（ ）　　　　　　非常同意（ ）

5. 从附近获取有机肥（沼液、沼渣）非常容易
   非常不同意（ ）　　　不同意（ ）　　　一般（ ）
   同意（ ）　　　　　　非常同意（ ）

6. 施用有机肥技术对我来说很容易
   非常不同意（ ）　　　不同意（ ）　　　一般（ ）
   同意（ ）　　　　　　非常同意（ ）

7. 学习采纳生态循环农业的新技术对我来说是件容易的事
   非常不同意（ ）　　　不同意（ ）　　　一般（ ）
   同意（ ）　　　　　　非常同意（ ）

8. 是否实行生态循环农业生产方式，我会考虑乡邻的意见
   非常不同意（ ）　　　不同意（ ）　　　一般（ ）
   同意（ ）　　　　　　非常同意（ ）

9. 是否实行生态循环农业生产方式，我会考虑致富大户的意见
   非常不同意（ ）　　　不同意（ ）　　　一般（ ）
   同意（ ）　　　　　　非常同意（ ）

10. 是否实行生态循环农业生产方式，我会考虑村干部及技术推广员的意见
    非常不同意（ ）   不同意（ ）   一般（ ）
    同意（ ）   非常同意（ ）

11. 当地政府对农业废弃物随意排放监管到位
    非常不同意（ ）   不同意（ ）   一般（ ）
    同意（ ）   非常同意（ ）

12. 当地对焚烧秸秆有实质性惩罚
    非常不符合（ ）   比较不符合（ ）   一般（ ）
    比较符合（ ）   非常符合（ ）

13. 当地对沼气池建设补贴完善
    非常不符合（ ）   比较不符合（ ）   一般（ ）
    比较符合（ ）   非常符合（ ）

14. 当地对秸秆、畜禽粪便等农业废弃物资源化利用补贴完善
    非常不符合（ ）   比较不符合（ ）   一般（ ）
    比较符合（ ）   非常符合（ ）

15. 您是否担忧自种粮食的安全性
    绝不担忧（ ）   不担忧（ ）   一般（ ）
    担忧（ ）   非常担忧（ ）

16. 您是否愿意实行生态循环农业生产方式
    非常不愿意（ ）   不愿意（ ）   一般（ ）
    愿意（ ）   非常愿意（ ）

17. 您是否愿意学习生态循环农业新技术
    非常不愿意（ ）   不愿意（ ）   一般（ ）
    愿意（ ）   非常愿意（ ）

18. 您是否愿意了解生态循环农业方面的新信息
    非常不愿意（ ）   不愿意（ ）   一般（ ）
    愿意（ ）   非常愿意（ ）

19. 小麦秸秆粉碎还田后，农作物出苗情况变化
    变好（ ）   无明显变化（ ）   变差（ ）

20. 玉米秸秆粉碎还田后，农作物出苗情况变化
    变好（ ）   无明显变化（ ）   变差（ ）

21. 秸秆还田是否有利于提高土壤肥力
    变好（ ）   无明显变化（ ）   变差（ ）

22. 秸秆还田后，病虫害和以前相比
    明显增加（ ）   增加一点（ ）   没变化（ ）
    减少一点（ ）   减少很多（ ）